认知神经科学视角下排球运动科学训练理论与实践研究

阚超 张文 / 著

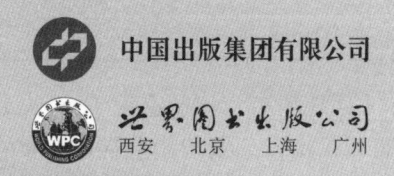

中国出版集团有限公司

世界图书出版公司
西安 北京 上海 广州

图书在版编目（CIP）数据

认知神经科学视角下排球运动科学训练理论与实践研究 / 阚超，张文著． -- 西安：世界图书出版西安有限公司，2025.6． --（学术文库）． -- ISBN 978-7-5232-2300-0

Ⅰ．G842.2

中国国家版本馆 CIP 数据核字第 2025DY5661 号

书　　名	认知神经科学视角下排球运动科学训练理论与实践研究
	RENZHI SHENJING KEXUE SHIJIAO XIA PAIQIU YUNDONG KEXUE XUNLIAN LILUN YU SHIJIAN YANJIU
著　　者	阚　超　张　文
责任编辑	李江彬
装帧设计	新纪元文化传播
出版发行	世界图书出版西安有限公司
地　　址	西安市雁塔区曲江新区汇新路 355 号
邮　　编	710061
电　　话	029-87214941　029-87233647(市场营销部)
	029-87234767(总编室)
网　　址	http://www.wpcxa.com
邮　　箱	xast@wpcxa.com
经　　销	全国各地新华书店
印　　刷	陕西龙山海天艺术印务有限公司
开　　本	787 mm×1092 mm　　1/16
印　　张	12.5
字　　数	260 千字
版　　次	2025 年 6 月第 1 版
印　　次	2025 年 6 月第 1 次印刷
国际书号	ISBN 978-7-5232-2300-0
定　　价	80.00 元

（版权所有　翻印必究）

（如有印装错误，请与出版社联系）

前 言
Prefase

《认知神经科学视角下排球运动科学训练理论与实践研究》围绕认知神经科学与排球运动的结合,展开了全面而深入的探讨。

本书详细介绍了认知神经科学的定义。认知神经科学是融合了认知心理学、神经科学、计算机科学等多学科的新兴领域,旨在探索大脑结构和功能与认知过程的相互作用。书中还阐述了认知神经科学的发展历程,从启蒙阶段的学科分离,到诞生后的快速发展,它历经不同阶段,如今,该领域面临着个体差异、复杂性、技术限制、伦理问题和跨学科整合等诸多挑战。

书中涵盖了感知、注意、记忆、语言、思维、情感、社会认知和意识等多个方面的神经机制。例如,在感知研究方面,探讨了视觉、听觉、触觉、嗅觉和味觉等感官系统如何将外部刺激转化为神经信号,以及大脑对这些信号的处理过程；在注意研究方面，关注大脑筛选和集中处理信息的方式；在记忆研究方面，涉及不同类型记忆及其神经基础等。这些内容为理解排球运动员在比赛中的认知行为提供了理论基础。

本书通过认知神经科学的视角，对排球运动科学训练理论与实践进行了全面深入的研究。

书中还构建了排球运动员的专业能力评估模式，这是一个包含身体形态、体能素质、技术能力、战术理解与执行、心理素质等多维度的体系。通过定量评估（如物理测试和技术分析工具）、定性评估（如比赛观察和教练员评价），以及多准则决策方法，对运动员进行综合评价，为选拔和培养优秀排球运动员提供了科学依据。

此外，书中还对不同位置的排球运动员能力进行了分析。例如，对于排球攻击手，从构面和属性上确定各个位置的重要能力因素。攻击手的运动能力、跳跃能力等在其专业能力评估中权重较高，这有助于针对不同位置的运动员制定个性化训练计划。

目 录
Contents

第一章　导　言　　　　　　　　　　　　　　　　　　1
　　一、认知神经科学的定义　　　　　　　　　　　　1
　　二、认知神经科学的历史　　　　　　　　　　　　3
　　三、认知神经科学的主要研究内容　　　　　　　　5
　　四、认知神经科学的研究方法　　　　　　　　　　16
　　五、认知神经科学的主要发现　　　　　　　　　　17
　　六、认知神经科学的应用前景　　　　　　　　　　18
　　七、认知神经科学面临的挑战　　　　　　　　　　21
　　八、结　论　　　　　　　　　　　　　　　　　　22

第二章　研究进展与现状　　　　　　　　　　　　　　37
　　一、研究进展　　　　　　　　　　　　　　　　　37
　　二、研究现状　　　　　　　　　　　　　　　　　42

第三章　排球运动员专业能力评估模式建构　　　　　　46
　　一、排球攻击手专业能力构面中评估的重要性
　　　　分析　　　　　　　　　　　　　　　　　　　47
　　二、排球攻击手专业能力属性上评估的重要性分析　48

  三、排球攻击手专业能力构面上评估的重要性分析 49

  四、排球快攻手在专业能力属性上评估的重要性
    分析 50

  五、优秀青少年排球运动员专业能力需求评估的
    重要性分析 58

第四章 排球运动员空间认知能力研究 61

  一、经验与知识 61

  二、实验设计 63

  三、实验程序 64

第五章 眼脑交互视角下排球运动员对接发球的认知
    加工特征研究 68

第六章 眼脑交互视角下排球运动员对接扣球的认
    知加工特征研究 77

第七章 眼脑交互视角下排球运动员对拦网的认知
    加工特征研究 88

第八章 排球运动技战术科学化训练研究 102

  一、技术训练的科学化 104

  二、体能训练的科学化 105

  三、心理训练的科学化 110

  四、科技在训练中的应用 113

五、营养和恢复的科学化　　116

　　六、训练计划的制定和执行　　119

　　七、未来发展趋势　　121

第九章　排球运动员的科学营养和科学饮食　　139

　　一、营养与体能的关系　　139

　　二、营养与肌肉健康　　146

　　三、营养与恢复　　149

　　四、营养与竞技状态　　151

　　五、营养与健康　　152

　　六、营养补充剂的使用　　153

　　七、营养计划的制定　　154

　　八、营养教育的重要性　　154

　　九、结　论　　155

第十章　排球运动比赛协调配合训练研究　　156

　　一、比赛中的协调配合　　156

　　二、协调配合的基本要素　　157

　　三、协调配合的战术运用　　158

　　四、协调配合的训练方法　　159

　　五、协调配合的比赛策略　　160

　　六、协调配合的案例分析　　161

　　七、协调配合的未来趋势　　162

　　八、结　论　　163

第十一章　眼脑交互视角下排球运动员比赛中起跳时机研究　164

　　一、神经机制在运动决策中的作用　164

　　二、起跳时机的神经交互过程　167

　　三、影响起跳时机的因素　170

　　四、起跳时机的优化策略　173

　　五、未来研究方向　176

　　六、结　论　178

第十二章　总结与展望　180

　　一、总　结　180

　　二、展　望　188

第一章 导言

认知神经科学是一个庞大且复杂的领域，其研究范围涵盖从分子层面到整个大脑系统。以下是对认知神经科学这一领域的详细介绍，包含其定义、历史、研究内容、研究方法、主要发现、应用前景、面临的挑战以及总结。

一、认知神经科学的定义

认知神经科学是一门新兴的跨学科领域，它结合了认知心理学、神经科学、计算机科学等多个学科的研究方法和理论，旨在探索大脑如何支持心智活动。这个领域的核心目标是理解大脑结构和功能如何与认知过程相互作用，从而产生我们的思维、情感和行为。认知神经科学不仅研究大脑的结构，还研究大脑的功能，包括大脑如何在不同的任务和环境中产生动态变化。认知神经科学依赖于实验研究，使用各种神经成像技术［如功能性磁共振成像（fMRI）、脑电图（EEG）、

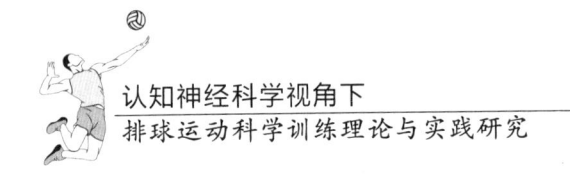

脑磁图（MEG）等］和其他神经科学技术［如经颅磁刺激（TMS）、经颅电刺激（tDCS）等］来测量和操纵大脑活动。此外，认知神经科学还涉及开发和测试理论模型，这些模型试图解释大脑如何支持认知过程，以及认知过程如何影响行为和经验。认知神经科学的定义可以从以下几个方面来进一步阐述。

（1）多学科融合：认知神经科学整合了心理学、神经生物学、计算机科学、人工智能、哲学等多个学科的研究成果和方法，形成了一个综合性的研究框架。

（2）神经基础：认知神经科学试图揭示认知过程的神经基础，即大脑中哪些区域、神经网络和神经机制参与了这些认知过程。它关注的认知过程包括感知、注意、记忆、语言、思维、情感、社会认知和意识等心智活动。

（3）生物学层面：认知神经科学在生物学层面上进行研究，涉及从分子和细胞层面（如神经递质、受体、神经元和突触）到整个大脑系统（如脑区、神经网络和脑系统）的研究。

当前，认知神经科学的研究成果被应用于多个领域，包括教育、心理健康、神经康复、人工智能和法律等，以改善人类生活和社会福祉。

二、认知神经科学的历史

认知神经科学的历史是一个跨学科领域的发展史,它涉及心理学、神经科学、计算机科学、人工智能等多个学科的融合与互动。

1. 启蒙阶段——认知心理学与神经科学的分离

在20世纪中叶之前,心理学和神经科学是两个相对独立的领域。心理学专注于行为和心智过程,而神经科学则专注于神经系统的结构和功能。直到20世纪70年代,这两个领域才开始真正意义上的交叉和融合。

2. 初始阶段——认知神经科学的诞生

1976年,Michael S. Gazzaniga和George A. Miller提出了"认知神经科学"这一术语,标志着这一新兴领域的正式诞生。他们将认知心理学的理论和神经科学的实验方法结合起来,旨在探索心智活动的脑机制。

3. 快速发展阶段——神经成像技术的发展

20世纪80年代和90年代,随着脑成像技术的发展,如功能性磁共振成像(fMRI)、脑电图(EEG)和脑磁图(MEG),科学家们得以更直接地观察大脑活动,这极大地推动了认知

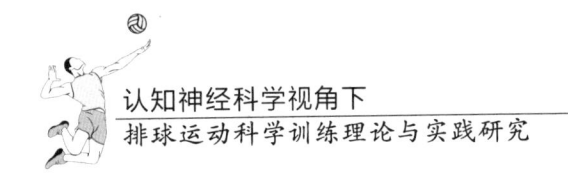

神经科学的发展。这些技术使得研究者能够将认知过程与大脑的特定区域和活动模式联系起来。

4. 发散阶段——社会互动与认知神经科学

进入 21 世纪，认知神经科学开始关注大脑在社交互动中的活动。研究者利用多人交互同步技术（如多 EEG、多 fMRI 或多 NIRS 同步记录）来测量人类在交流时大脑间的神经活动，探讨认知和心理活动是如何实现相互联系的。这一领域的研究增加了认知神经科学的生态现实意义，并为解决社交障碍提供了基础。

5. 融合阶段——认知神经科学与人工智能的交叉

近年来，认知神经科学的研究成果开始被应用于人工智能领域。通过模仿大脑的处理机制，人工智能研究者试图开发出更加高效和智能的算法。同时，人工智能的发展也为认知神经科学提供了新的工具和理论视角。

6. 规划阶段——未来方向

认知神经科学的未来研究将继续探索大脑如何支持复杂的认知功能，并尝试将这些知识应用于教育、心理健康、神经康复等领域。同时，这个领域也面临着个体差异、复杂性、技术限制、伦理问题和跨学科整合等挑战。

三、认知神经科学的主要研究内容

（一）感知的神经机制

感知是认知神经科学研究的基础领域之一。感知研究涉及视觉、听觉、触觉、嗅觉和味觉等感官系统。这些感官系统如何将外部世界的物理刺激转化为大脑可以理解的神经信号，是感知神经科学研究范畴的核心问题。

以下是对感知研究方面的解释。

1. 视觉感知

视觉感知研究揭示了大脑如何处理光线信息，将其转化为我们所看到的世界。视觉信息首先在视网膜上被转化为神经信号，然后通过视神经传递到大脑的初级视觉皮层（V1区）。在V1区，视觉信息被进一步处理，形成对形状、颜色和运动等基本视觉特征的感知。随后，这些信息被传递到其他高级视觉区域，如V2、V3、V4和V5区，进行更为复杂的视觉处理，如物体识别和场景理解等。

2. 听觉感知

听觉感知研究则关注声音如何被转化为神经信号，以及大脑如何处理这些信号以识别声音的来源、频率和节奏等特

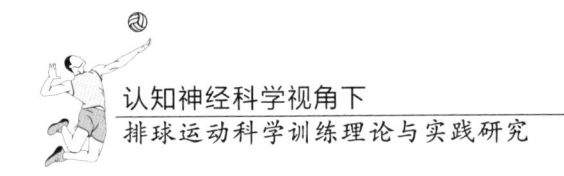

征。听觉信息首先在耳蜗中被转化为神经信号,然后通过听觉神经传递到大脑的听觉皮层。在听觉皮层,声音信息被进一步处理,以识别声音的复杂特征,如语音和音乐等。

3. 触觉感知

触觉感知研究关注触觉信息如何被皮肤中的触觉感受器检测,并转化为神经信号。这些信号随后被传递到大脑的体感皮层,进行进一步的处理,以识别触觉刺激的位置、强度和质地等特征。

4. 嗅觉和味觉感知

嗅觉和味觉感知研究则涉及气味和味道如何被转化为神经信号,以及大脑如何识别和区分不同的气味和味道。这些研究有助于我们理解嗅觉和味觉如何在大脑中被处理,以及它们如何与其他感官系统相互作用。

(二)注意的神经机制

注意是认知神经科学的另一个重要领域。注意研究主要关注大脑如何筛选和集中处理某些信息,同时忽略其他信息。注意可以分为两种类型:自上而下的注意和自下而上的注意。自上而下的注意是由目标和意图驱动的;自下而上的注意是由刺激的特征驱动的。

自上而下的注意在前额叶皮层在注意力控制中起关键作用。前额叶皮层通过与顶叶和枕叶的相互作用，调节注意力的分配和转移。例如，当人们需要在复杂的视觉场景中寻找特定的目标时，前额叶皮层会被激活，以帮助人们将注意力集中在目标上。

自下而上的注意主要关注感官刺激如何自动吸引注意力。例如，一个突然出现的亮光或响亮的声音会自动吸引人们的注意力，即使他们最初并没有注意到这个刺激。这种自动的注意力转移是由大脑的感官区域和丘脑共同调节的。

（三）记忆的神经机制

记忆研究是认知神经科学的一个核心领域。记忆研究关注不同类型的记忆，主要包括以下几种。

（1）工作记忆：这是另一种重要的认知功能，它具有在短时间内保持和操作信息的能力。工作记忆与前额叶皮层的激活密切相关。前额叶皮层通过与顶叶和枕叶的相互作用，维持和操作工作记忆中的信息。

（2）长期记忆：长期记忆研究揭示了大脑中多个区域在长期记忆存储和检索中的作用。例如，语义记忆（事实和概念）主要存储在颞叶的内侧区域，而程序性记忆（如技

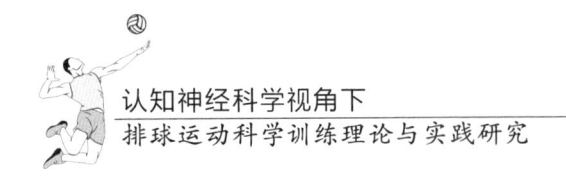

能和习惯）则主要存储在基底节和小脑。记忆研究的一个关键发现是海马体在长期记忆形成中的关键作用。海马体通过与大脑的其他区域（如内嗅皮层和海马旁回）的相互作用，将短期记忆转化为长期记忆。

（四）语言的神经机制

语言是认知神经科学的另一个重要领域。语言研究关注大脑如何处理和产生语言，包括词汇、语法和语义的处理。语言研究的一个关键发现是布罗卡区和韦尼克区在语言处理中的关键作用。布罗卡区位于左半球的额叶，主要负责语言的产生，而韦尼克区位于左半球的颞叶，主要负责语言的理解。

1. 语言产生

语言产生研究揭示了大脑如何将思想转化为言语。这个过程涉及多个大脑区域的协同工作，包括布罗卡区、初级运动皮层和辅助运动区。这些区域通过调节声带和口腔肌肉的运动，产生语言。

2. 语言理解

语言理解研究则关注大脑如何将语言转化为意义。这个过程同样涉及多个大脑区域的协同工作，包括韦尼克区、颞叶的上回和下回。这些区域通过分析言语的声音特征和语义内容，理解言语的意义。

（五）思维和推理的神经机制

思维和推理是认知神经科学的另一个重要领域。思维和推理研究关注大脑如何进行逻辑思考、解决问题和决策。思维和推理研究的一个关键发现是前额叶皮层在这些认知功能中的关键作用。前额叶皮层通过与大脑的其他区域（如顶叶和颞叶）的相互作用，支持逻辑思考和决策制定。

1. 问题解决

问题解决研究揭示了大脑如何使用已有的知识和经验来解决新的问题。这个过程涉及多个大脑区域的协同工作，包括前额叶皮层、顶叶和颞叶。这些区域通过激活相关的知识和经验，评估可能的解决方案，并选择出最佳的方案。

2. 决策

决策研究则关注大脑如何在不同的选项之间做出选择。这个过程同样涉及多个大脑区域的协同工作，包括前额叶皮层、顶叶和颞叶。这些区域通过评估不同选项的潜在后果，选择最佳的选项。

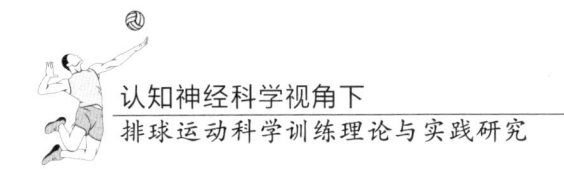

(六)情感的神经机制

情感研究是认知神经科学的另一个重要领域。情感研究关注情绪如何影响认知过程,以及大脑中哪些区域负责情绪的产生和调节。情感研究的一个关键发现是杏仁核在情绪处理中的关键作用。杏仁核与大脑的其他区域(如前额叶皮层和扣带回)相互作用,调节情绪的产生和表达。

1. 情绪产生机制

情绪产生研究揭示了大脑如何产生基本情绪,如恐惧、愤怒和快乐。这个过程涉及多个大脑区域的协同工作,包括杏仁核、下丘脑和脑干。这些区域通过激活相关的生理反应,产生情绪体验。

2. 情绪调节机制

情绪调节研究则关注大脑如何调节情绪的强度和持续时间。这个过程同样涉及多个大脑区域的协同工作,包括前额叶皮层、扣带回和杏仁核。这些区域通过调节与情绪相关的生理反应和认知评估,调节情绪体验。

(七)社会认知的神经机制

社会认知研究是认知神经科学的另一个重要领域。社会认知研究关注大脑如何理解和解释他人的行为、意图和情感。

社会认知研究的一个关键发现是镜像神经元在社会认知中的关键作用。镜像神经元通过模拟他人的行为和情感，帮助我们理解和预测他人的行为。

1. 他人行为理解

他人行为理解研究揭示了大脑如何使用自身的运动和情感系统来理解和预测他人的行为。这个过程涉及多个大脑区域的协同工作，包括前运动皮层、顶叶和颞叶。这些区域通过模拟他人的行为和情感，预测他人的行为产生。

2. 他人情感理解

他人情感理解研究则关注大脑如何理解和共鸣他人的情感。这个过程同样涉及多个大脑区域的协同工作，包括颞叶的上回、扣带回和杏仁核。这些区域通过共鸣他人的情感，从而理解和共鸣他人的情感体验。

（八）意识的神经机制

意识是认知神经科学的一个核心领域。意识研究关注意识的本质，以及大脑中哪些区域和网络与意识状态相关。意识研究的一个关键发现是前额叶皮层和顶叶皮层在意识中的关键作用。这些区域通过与其他大脑区域的相互作用，支持意识的产生和维持。

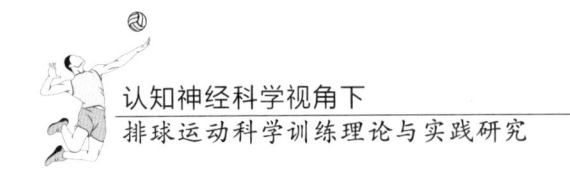

1. 意识产生

意识产生研究揭示了大脑如何产生意识体验。这个过程涉及多个大脑区域的协同工作，包括前额叶皮层、顶叶皮层和丘脑。这些区域通过整合来自不同感官和认知系统的信息，产生统一的意识体验。

2. 意识维持

意识维持研究则关注大脑如何维持意识状态。这个过程同样涉及多个大脑区域的协同工作，包括前额叶皮层、顶叶皮层和丘脑。这些区域通过调节与意识相关的神经活动和认知过程，维持意识状态。

（九）认知神经科学的技术发展

认知神经科学的发展依赖于一系列先进的技术，这些技术使得研究者能够更精确地测量和操纵大脑活动。

1. 脑成像技术

脑成像技术如功能性磁共振成像（fMRI）、脑电图（EEG）、脑磁图（MEG）等，使得研究者能够无创地观察大脑活动，揭示认知过程中的神经基础。

2. 神经药理学方法

通过药物干预来研究特定神经递质系统对认知功能的影

响，神经药理学方法为理解大脑的化学基础提供了重要工具。

3. 计算模型

开发数学模型和计算机模拟来模拟认知过程和大脑活动，计算模型帮助研究者理解复杂的认知过程是如何由大脑的神经网络支持的。

4. 神经心理学方法

通过研究脑损伤患者的特定认知障碍来推断正常大脑功能，神经心理学方法为理解大脑结构和功能的关系提供了重要视角。

（十）认知神经科学的临床应用

认知神经科学的研究成果在临床领域有着广泛的应用，包括对神经退行性疾病、精神疾病、脑损伤和其他神经系统疾病的诊断和治疗。

1. 神经退行性疾病

认知神经科学有助于理解阿尔茨海默病、帕金森病等疾病的神经机制，为开发新的治疗方法提供了基础。

2. 精神疾病

认知神经科学的进步为理解抑郁症、焦虑症、精神分裂

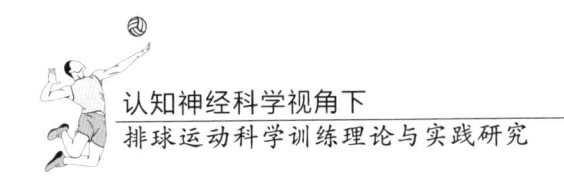

症等精神疾病的神经基础提供了新的见解，有助于开发更有效的治疗方法。

3. 脑损伤

认知神经科学有助于评估和治疗脑损伤后的认知障碍，为康复提供了科学依据。

（十一）认知神经科学的教育应用

认知神经科学的研究成果在教育领域也有着重要的应用，包括设计更有效的教学方法和学习策略。

1. 学习策略

通过理解大脑如何学习和记忆，认知神经科学可以帮助我们设计更有效的学习策略，以提高学习效率。

2. 教育技术

认知神经科学的发现可以启发或开发新的教育技术，如个性化学习系统和认知训练程序等。

（十二）认知神经科学的伦理和社会问题

随着认知神经科学的发展，伦理和社会问题也变得越来越重要，包括隐私和自主性、技术滥用等问题。

1. 隐私和自主性

认知神经科学的进步可能导致对个人隐私和自主性的威胁,特别是在脑成像技术和脑机接口技术的应用中。

2. 技术滥用

认知神经科学的发展也可能带来技术滥用的风险,如在广告、娱乐和军事等领域的不当使用。

(十三)认知神经科学的全球合作

认知神经科学的研究需要全球合作,通过共享数据和资源,推动该领域的快速发展。

1. 数据共享

数据共享是推动认知神经科学发展的关键,通过共享大量的脑成像数据和遗传数据,研究者可以更好地理解认知过程的神经基础。

2. 国际合作

国际合作对于解决认知神经科学中的复杂问题至关重要,通过国际合作,研究者可以共享知识、技术和资源,加速科学发展。

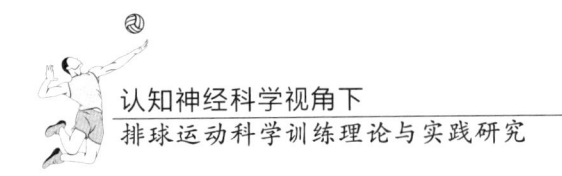

（十四）小结

认知神经科学是一个多元化、跨学科的领域，它涉及从分子层面到整个大脑系统的研究。通过研究感知、注意、记忆、语言、思维、情感、社会认知和意识等认知过程的神经基础，认知神经科学为我们理解人类认知和行为提供了新的见解。随着技术的进步和研究的深入，认知神经科学将继续在基础研究、临床应用和教育领域发挥重要作用，同时也面临着伦理和社会问题的挑战。全球合作和数据共享将对推动认知神经科学的未来发展至关重要。

四、认知神经科学的研究方法

1. 脑成像技术

（1）功能性磁共振成像（fMRI）：通过测量大脑活动时的血氧水平变化来定位大脑中活跃的区域。

（2）正电子发射断层扫描（PET）：通过注射放射性示踪剂来测量大脑中的葡萄糖代谢率，从而了解大脑活动。

（3）脑电图（EEG）：通过测量大脑的电活动来研究大脑功能。

（4）脑磁图（MEG）：通过测量大脑神经细胞活动产生

的磁场变化来研究大脑功能。

2. 神经心理学方法

通过研究脑损伤患者的特定认知障碍来推断正常大脑功能，认知神经科学通常用综合模型进行研究。

（1）动物模型：使用动物（如老鼠、猴子）来研究认知功能的神经基础。

（2）计算模型：开发数学模型和计算机模型来模拟认知过程和大脑活动。

（3）神经药理学方法：通过药物干预来研究特定神经递质系统对认知功能的影响。

五、认知神经科学的主要发现

随着科技的不断发展，以及认知神经科学的不断研究与探索，目前主要在以下领域取得了显著进展。

（1）双脑功能分化：大脑的两个半球在功能上存在差异，左半球通常与语言和逻辑思维相关，而右半球则与空间处理和创造性思维相关。

（2）记忆的神经基础：海马体在长期记忆的形成中起着关键作用，而前额叶皮层则与工作记忆和决策相关。

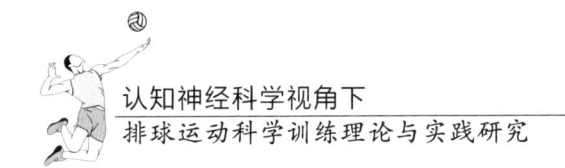

（3）语言的神经基础：布罗卡区和韦尼克区是语言处理的关键脑区，分别负责语言的产生和理解。

（4）情感的神经基础：杏仁核在恐惧和愤怒等基本情绪的处理中起着核心作用。

（5）社会认知的神经基础：镜像神经元的发现揭示了大脑如何模拟和理解他人的行为。

（6）意识的神经基础：意识可能涉及大脑多个区域和网络的协同工作，包括前额叶皮层和顶叶皮层。

六、认知神经科学的应用前景

随着生活质量的不断提高，人们对美好生活的需求也在增长。在未来，认知神经科学可以在多个领域发挥重要作用，包括教育（通过理解大脑如何学习和记忆，可以设计更有效的教学方法和学习策略）、心理健康（认知神经科学有助于开发新的治疗方法，如认知行为疗法和神经反馈训练）、神经康复（了解大脑的可塑性和修复能力，可以为脑损伤和神经退行性疾病的患者提供更好的康复策略）、人工智能（认知神经科学的发现可以启发人工智能的发展，特别是在模拟人类认知和情感处理方面）、法律和伦理（认知神经科学的研究可以为法律决策提供科学依据，如在判断责任和决策能力方面）等诸多领域进行应用。除此之外，还可以在以下方面展开一定的发展规划。

（1）跨学科研究：认知神经科学作为一个跨学科领域，整合神经科学、心理学、计算机科学、人工智能、数学和物理学等多个学科的知识和技术，是全面理解认知过程神经基础的关键。

（2）神经成像技术的进步：随着脑成像技术（如fMRI、EEG、MEG等）的不断改进，未来将能够以更高的分辨率和更精确的时空信息捕捉大脑活动，这将有助于揭示认知过程中的神经机制。

（3）类脑智能和人工智能的融合：认知神经科学的研究成果将更多地应用于人工智能领域，特别是在发展类脑智能方面。通过模仿大脑的处理机制，可以开发出更加高效和智能的算法，推动人工智能向人类水平甚至超越人类水平的方向发展。

（4）脑机接口技术的发展：脑机接口（BCI）技术将实现更高的集成度和更好的生物兼容性，使得人脑与外部设备之间的直接交互成为可能。这将为残疾人士提供新的交流和控制方式，同时也为健康人提供增强认知功能的手段。

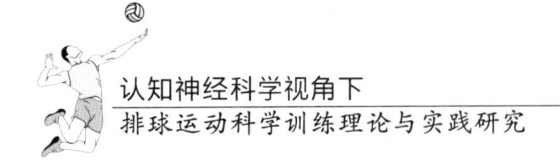

（5）认知和行为的神经基础：未来研究将更深入地探索认知和行为的神经基础，包括感知、注意、记忆、语言、情感、社会认知和意识等方面。

（6）神经网络和计算模型：开发更精确的神经网络和计算模型，以模拟大脑的功能和结构，这将有助于理解大脑如何处理信息，并为人工智能提供新的启示。

（7）神经科学的临床应用：认知神经科学的研究成果将更多地应用于临床实践，包括神经退行性疾病、精神疾病、脑损伤和其他神经系统疾病的诊断和治疗。

（8）伦理和社会影响：随着认知神经科学的发展，伦理和社会问题也将变得更加重要，包括隐私和自主性、技术滥用等问题。

（9）教育和学习：认知神经科学将为教育和学习提供新的视角，帮助我们理解学习过程中的神经机制，从而设计更有效的教育策略和学习工具。

（10）全球合作和数据共享：随着全球对认知神经科学重视程度的提高，国际合作和数据共享将成为推动该领域发展的重要因素。

认知神经科学的未来充满挑战和机遇，随着科技的进步和社会需求的变化，这一领域也将继续扩展其研究范围和应用领域。

七、认知神经科学面临的挑战

随着科学研究领域的不断深入和发展，尽管当前认知神经科学已经在诸多领域开展了研究，并为科研提供了更深入的研究前景。但是，它也将面临着以下诸多挑战。

（1）个体差异：大脑结构和功能在不同个体之间存在显著差异，这使得研究结果的普适性受到挑战。

（2）复杂性：大脑是一个极其复杂的系统，涉及大量的神经元和网络，这使得理解大脑如何支持认知功能变得十分困难。

（3）技术限制：尽管现有的脑成像技术已经非常先进，但它们在时间和空间分辨率上仍然有限，难以捕捉到快速和微妙的大脑活动。

（4）伦理问题：研究大脑和心智涉及隐私和伦理问题，例如在研究中如何保护参与者的隐私和尊严。

（5）跨学科整合：认知神经科学需要整合来自不同学科的知识和技术，这要求研究者具备广泛的背景知识和协作能力。如何合理地解决这些难题，这也是目前需要思考的问题。

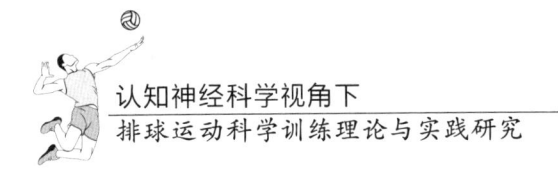

八、结 论

认知神经科学是一个充满活力与潜力的领域，它正在逐步揭示大脑如何支持我们复杂的心智活动。随着研究的不断深入和技术的持续进步，认知神经科学将继续为我们理解人类认知和行为提供新的见解，并在教育、心理健康、神经康复等诸多领域发挥重要作用。然而，这个领域也面临着诸多挑战，如个体差异、大脑的复杂性、技术的局限性、伦理问题，以及跨学科整合等，这些挑战需要研究者们共同努力，不断探索和克服。

（一）研究背景和目的

随着认知神经科学的飞速发展，运动心理学的研究拓展了新视野，功能性近红外光谱成像技术（functionalnear-infraredspectroscopy，下文简称 fNIRS）在进一步了解运动认知加工过程的机制方面具有重要的应用价值。fNIRS 具有生态效度高、成本较低、无创性、可移动等优点，能够很好地定位与认知功能相关的大脑皮质区，已被广泛应用于人类复杂的认知研究当中。与传统的神经影像技术相比，它提供了一种相对无创、安全，便携且低成本的测量脑部活动的方法。

fNIRS利用了大脑血液的光学特性，而非放射性或磁性特性，因此无需使用造影剂（如PET），导电膏（如EEG）或庞大的实验设备（如fMRI）。通过fNIRS技术的研究发现，前额叶（PFC）在认知过程中扮演着重要的角色。前额叶皮质层是接收来自大脑其他功能区的经过处理的外部信息，然后整合记忆、意图等大脑信息，并立即做出合理的计划的区域。许多功能性神经影像学研究报告了空间任务过程中前额叶的显著激活，发现DLPFC（BA9）、VLPFC（BA44）和FOA（BA10）区域在空间认知活动中表现出显著的活动，这些脑区似乎同时参与空间任务。

排球是一项侧重于爆发力与弹跳力的运动，长久以来，欧美团队一直凭借着自身基因的优势，在赛场上压制着其他比赛对手。基于身体优势制定出的战术简单粗暴，并不适用于依靠技术和团队配合的亚洲团队。依靠战术团队配合的亚洲团队长期在排球比赛中处于劣势，使得比赛的观赏性逐步下降。在网前实力方面，欧美团队基本上碾压亚洲团队，来回球减少，后排起球率低，团体比赛逐渐演变为更为纯粹的个人身体素质对抗，最终成为部分身体素质有优势的运动员"专属"活动。渐渐地，其他身体素质不占优势的运动员会选择其他项目，导致排球运动爱好者的大批流失，整个运动

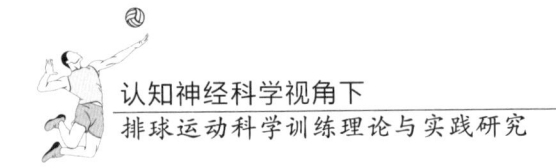

发展受到极大限制。为了改变单纯依靠爆发力和弹跳力的局面，吸引更多年轻人参与排球运动，推动排球运动在全世界的有序发展，国际排联决定从1999年起，在排球比赛中实行包括设置"自由防守队员"在内的诸多比赛规则。"自由防守队员"俗称自由人，是在比赛中专门负责接发球和后排防守工作的队员，自由人上下场间需要经过一次发球比赛，可以替换任意后排队员，这种换人方法不限制次数，也不消耗正规换人次数。经过多年的实践对比，可以明显看到，自由人角色在比赛中起到了重要作用，极大地提升了团队配合在比赛中的作用。由于自由人在赛场上换人不消耗次数，因此可以根据对手表现情况，替换本队体力消耗较大的队员，及时调整队伍的攻防力量，在换人过程中，自由人还可以与教练交流，及时传递教练的指挥意图。在新的排球比赛规则中，自由人不仅承担了绝大多数接发球任务，而且处于防守的绝对主力位置，通过自由人角色帮助其他队员发动进攻，从而保证队伍较高的起球率。通过自由人战术，不仅可以调动全队的气氛、弥补比赛中后排防御不足的问题，还能够通过及时调整战术，发挥团队中更多队员的运动优势，促进教练员指挥信息的传递，合理调整团队节奏，保证队员体力在比赛中的合理分配与恢复。通过充分利用自由人角色在排球比赛上的制度优势，平衡了个人技术优势与团队协作之间的关系，强化了团队的攻防实力，延长了比赛中球的过网次数，很大程度上提高了比赛的观赏性。

在竞技比赛中，运动员需要在时间紧迫或线索不充分的运动情境中，快速捕捉有效信息，进行准确的知觉预测，并做出相应的动作反应。知觉预测（perceptual anticipation）是指个体对环境中出现的不完整信息和环境线索进行加工和有效利用的过程。在排球接扣球情境中，球的时速最高可达160 km/h，运动员需要根据扣球队员的起跳姿势、技术动作、来球的速度、力量和飞行轨迹等信息，进行有效的知觉预测，做出正确的防守动作。"经验优势假说"认为，专家运动员拥有与项目特点相匹配的知觉加工能力，在即时情境中，其依赖于大脑中已存储的技术、战术经验，能够更快、更准确地捕捉有效信息。高水平排球运动员在知觉预测过程中，多采用简单而集中的视觉搜索模式，能够精准捕捉到球员、球及防守空档，呈现出高效目标导向的注意控制策略，信息加工效率更高，具有专项认知优势。在注意力分配、视觉空间处理、工作记忆提取，以及预判决策等认知任务中，专家运动员的视觉—动作过程更加高效，视觉扫描路径精准而明确，其对视觉信息的精准捕捉和高效处理进一步引导大脑神经活

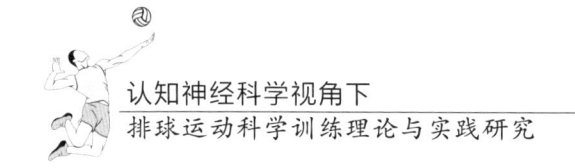

动发生相应的优化和变化。例如，在网球接球任务中，高水平运动员的腹外侧额叶皮层表现出显著的激活，而高水平羽毛球运动员则在背外侧和腹外侧额叶皮层区域表现出更强的活动变化，研究者认为这些脑区不同的激活特征与特定内部感觉运动表征有关。上述不同的激活模式可能源于大脑认知加工的适应性，会根据视觉运动处理的具体需求，表现出各异的激活特征。在篮球罚球预测研究中发现，高水平运动员通过感知动作信息来判断结果，在双侧额下会表现出更高的激活水平，而新手组运动员更多地依赖于决策策略，在眶额区显示更大的激活。新手足球守门员在知觉预测任务中，相较于专家，需要投入更多的认知资源来解析动作信息，这一过程使得背外侧前额叶区域的激活水平显著增高。

空间知觉预测的基本前提是视觉感知，运动员通过视觉感受器获取信息，并根据视觉搜索获得的有效视觉信息进行预判，从而做出相应的动作反应。运动心理学家们也开始探讨排球比赛过程中运动员的心理加工特点，力争寻找到排球比赛中的高水平运动员的竞技心理行为特点及机制。研究一致认为，高水平运动员在排球接发球、拦网和扣球空间知觉预测具有一些特征：①预测准确性更高，反应速度更快；②视觉搜索策略更加有效，因为其视觉搜索的策略来源于存储在长时记忆中的特殊任务知识结构；③专项场景中具有较高的空间感知加工能力。然而，目前的研究缺乏对不同运动技术的比较分析。在接发球、扣球和拦网等认知加工过程中，既具有共通性，也具有差异性。高水平排球运动员在不同运动技能下采用什么策略，以及如何感知和判断球的运行轨迹和方位，这些问题尚未得到很好的研究和解释。

  运动技能的执行依赖于运动员的视觉感知、中枢加工和信息输出的认知加工。近年来，越来越多的观点支持视觉搜索系统在认知活动中扮演着知觉预测和决策行为的重要角色。在球类运动项目中，运动员在比赛过程中搜索所需的视觉信息以做出快速的决策和判断更为明显。例如，在排球比赛中，运动员对环境信息的空间定位和判断至关重要。球员首先预判球的落点和方向，然后根据来球的性质采用合理的击球方式，将球击向进攻战术所需要的位置。这一系列的运动反应都是基于知觉预测活动的，排球运动员的预测能力依赖于他们的知觉水平。因此，越来越多的研究关注知觉能力，其中时间知觉和空间知觉是研究中普遍关注的领域。虽然时间知觉和空间知觉在人类早期形成，但随着抽象思维能力的发展和学习经验的积累，个体之间出现了显著的差异。这些差异会影响人们对事物的理解和判断。所以，如何提高排球运动

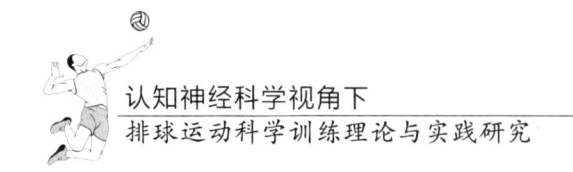

员的时空知觉能力，促进比赛过程中预测水平的提高，已经成为各国排球研究学者和教练员关注的焦点。

此外，研究者认为专家与新手之间高效率的预测能力主要来源于其中枢加工的能力，即通过激活特定的大脑区域进行加工处理而获得的能力。以往研究显示，在其他运动项目中运动员在专项空间任务与非专项空间任务的信息加工中具有共同的认知神经通路。如果在专项空间任务中，运动员呈现出相同的激活模式，那么在非专项空间任务中，也可能表现出相关加工通路的大脑神经认知优势。然而，目前该领域的研究结果存在分歧，有观点认为这种专家优势可能是部分特定运动项目的练习效应。在排球运动员的非专项空间任务认知加工过程中，事件诱发的脑区激活、脑区间功能耦合变化等方面的研究较少。那么，长期专项化的排球训练是否有助于提高排球运动员对非专项空间任务的认知加工能力？是否在非专项空间任务加工中表现出同样的优势？这些问题尚待解答。

本研究将背外侧前额叶、腹外侧前额叶、额极区和眶额区作为主要研究脑区，通过分析不同水平排球运动员在接扣球任务中的视觉搜索与大脑皮层激活特征，了解高水平运动员的知觉预测优势，探讨运动员眼—脑交互加工机制，对丰富专项训练理论及促进运动员竞技水平的提高具有重要的理论与现实意义。综上所述，本研究旨在探讨运动经验促进知觉预测的眼—脑交互加工机制。同时，联合使用近红外光谱成像技术（fNIRS）与眼动设备，在一定程度上能够直观地反映被试视觉、认知、行为之间的关系，明确排球运动员接扣球信息的视觉搜索、知觉预测能力，以及内在的神经机制。基于此，本研究使用眼动和fNIRS进行同步测量，探究排球运动员接扣球知觉预测过程的行为绩效、眼动特征及大脑血流动力学变化。研究假设：在排球接扣球任务中，高水平运动员的知觉预测能力优于新手运动员，专家运动员具有独特的眼—脑加工特征。

同时，本研究以典型快速隔网对抗性排球项目运动员为被试，通过专项场景和非专项场景的空间任务，借助先进的科研手段——功能性近红外光谱成像仪设备（fNIRS），通过含氧血红蛋白（Oxy-hb）信号的变化，从行为学指标和fNIRS指标两方面进行分析。本研究旨在探讨排球运动员在不同空间任务中的认知加工特征，以及运动经验对大脑信息加工的影响。通过研究可以挖掘排球运动项目的理论依据，完善排球运动项目训练体系，为排球运动项目提供理论支撑与实践指导，实现训练的最优化。

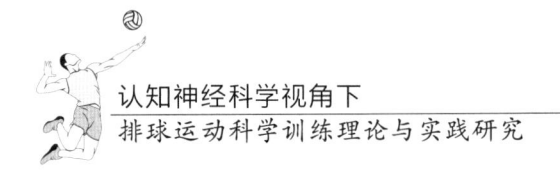

（二）研究意义

1. 理论意义

高水平运动员在空间任务中表现出认知优势是建立在一定的认知机制基础上的，但目前对于不同空间认知加工机制的探索仍显不足。本研究通过比较排球运动员在不同运动技能中的知觉预测能力特征，从认知神经科学的角度对其进行分析讨论。借助功能性近红外光谱成像技术（fNIRS），本研究探讨了排球运动员在一般空间任务的认知加工表现特征，分析了大脑皮层的激活模式与脑区间神经功能耦合的程度差异。通过这些研究，揭示了排球运动员在空间任务加工中的神经机制，解释了快速隔网对抗性运动项目运动员在空间任务认知过程中表现出的行为绩效优势的神经基础，此外，本研究还为验证专项领域技能向一般空间认知任务的转移提供了实证依据。

2. 实践意义

本研究试图通过不同水平运动员在不同技术动作中的空间知觉预测能力及一般空间认知能力的差异，为排球运动员突破自身竞技水平提供新的思路。通过本研究，可以发现排球运动员知觉预测能力提高的规律，从而为未来排球运动项目中教练员、运动员以及研究者在知觉动作技能训练、知觉预测的教学、训练乃至比赛中提供一定的实践依据。

（三）研究思路和研究内容

1. 研究思路

本研究招募陕西师范大学体育学院的国家一级及以上排球运动员和非专业运动员，比例为1:1，总人数为46人。受试者标准如下：①无严重躯体疾病，无脑创伤及神经系统疾病病史，且目前精神状况良好，无药物和酒精依赖史；②右利手；③视力或矫正视力正常，无色盲和色弱；④智力水平正常；⑤受教育程度一致，能够熟练掌握排球专项基础知识。

实验之前，记录所有受试者的基本信息，并提前一天告知受试者实验的相关内容，如时间安排和注意事项等。要求受试者在实验进行之前保证充足的睡眠，保持头部清洁，并在实验前一天避免进行剧烈运动，所有受试者均签署了实验知情同意书，且完成实验后可获得相应的报酬。该研究获得陕西师范大学伦理委员会的批准。其中，2名受试者的fNIRS数据因通道信号差而被排除，最终本研究以44名学生作为研究对象，年龄范围为20~24岁。依据训练年限和运动员等级，将受试者分为运动组（22人包括，国家健将级排球

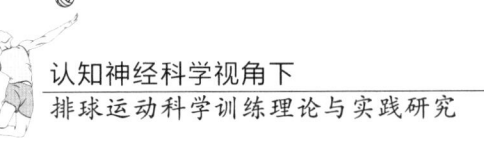

运动员 5 人，国家一级排球运动员 17 人，训练年限均在 8 年以上，有持续的训练计划，每天训练 2 小时或每周训练 3 天）和对照组（22 名对排球运动有一定专项训练但未达到运动等级的体育专业学生）。

为全面了解相关的研究现状，本研究通过查阅 ELSEVIER、Springer、PubMed、中国知网（CNKI）、Web of Science 和万方数据库等，以"认知优势""空间认知""fNIRS""排球"和"知觉预测"等为主要检索词，检索了 2000 年至 2023 年间的论文资料，并整理归纳了相关文献资料。其中，共收集到核心期刊论文 68 篇，学位论文 23 篇，外文文献 44 篇。通过对这些文献的汇总分析，初步掌握了国内外在该领域的研究现状。此外，还阅读了有关心理学、认知心理学等相关书籍，为本研究提供了坚实的理论支撑。

为确保研究的专业化、系统化、客观性和准确性，本研究就实验的出发点、研究重点、实验设计、实验指标的选取和实验结果的评价等方面，向体育学院、心理学院的专家及具有丰富心理学实验经验的学者进行了咨询，广泛征求了他们的意见及建议。

本研究采用数理统计法对行为学数据和 fNIRS 数据进行分析，具体如下。

（1）行为学数据：利用SPSS 26.0对测量数据进行正态分布检验，若检验结果大于0.05阈值，则表示数据服从正态分布。对受试者在空间认知任务下的正确率和反应时，通过重复测量方差分析，观察不同组别和任务条件的行为学指标差异。

（2）fNIRS数据：利用fNIRS设备自带软件对采集的原始数据进行解算，基于Matlab（R2013b）平台的NIRS_SPM软件，通过修正的比尔—朗伯定律将光强数据转换为血氧数据。随后对数据进行预处理，包括消除异常值，提高信噪比等，使整体滤波后的信号便于后续计算分析，具体步骤包括：MNI坐标配准；基于一般线性模型（GLM）构建设计矩阵；应用具有时间导数的血流动力学响应函数（HRF）进行低通滤波。采用离散余弦变换（DCT）去趋势算法的高通滤波；之后，对任务条件下的Beta值进行评估，将其作为相应通道的激活指标。最后，计算兴趣区（ROI）内各通道的平均 β 值，该均值即为该ROI激活强度。使用SPSS26.0对脑血氧数据进行正态分布检验，夏皮洛—威尔克检验（S-W）结果显示数据大于0.05阈值，表示数据服从正态分布。随后进行3种空间认知任务（视觉搜索、空间记忆和心理旋转）×2组别（运动组、对照组）

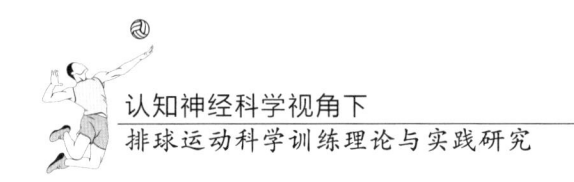

的两因素重复测量方差分析。在分析过程中，对不满足球形检验的统计量采用 Greenhouse-Geisser 法校正自由度和 p 值，事后检验采用 Bonferroni 法进行多重比较矫正，显著性水平设定为 $p < 0.05$。

2. 研究内容

采用单因素实验设计，根据 G Power 3.1 软件计算实验所需样本量，预期效应量 f 设置为 0.9，显著性水平 α 设置为 0.05，统计效力 1–β 设置为 0.8，计算结果表明至少需要 42 名受试者。最终，选取 22 名技术等级为运动健将或一级运动员的受试者纳入专家组；选取 21 名无等级的高校体育教育专业大学生纳入新手组（表 1–1）。受试者纳入标准如下：①两组受试者均具有良好的健康状况；②受教育程度一致；③均为右利手；④无脑部损伤或神经系统疾病史；⑤视力或矫正视力正常；⑥色觉正常；⑦实验前无熬夜、饮酒或服用药物等情况。

实验前，详细记录受试者的基本信息，并提前一天告知他们实验内容，要求受试者签署《实验知情同意书》。完成实验后，受试者将获得相应酬劳。本研究计划已获得陕西师范大学学术伦理委员会的批准（批准号：SNNU202416006）。

表 1-1 访谈专家信息表（N=6）

序号	姓名	性别	职称	研究方向	工作单位
1	刘*	男	教授	运动心理学	陕西师范大学
2	池**	男	教授	运动心理学	陕西师范大学
3	秦**	男	副教授	空间认知	陕西师范大学
4	刘*	男	博士	空间认知	陕西师范大学
5	阚*	男	副教授	排球教学理论与实践	陕西师范大学

本研究采用 aSee pro 桌面式眼动仪（7Invensun，北京），测量模式为瞳孔—角膜反射，采集频率为 240 Hz，视场角（FOV）为 110°，精度为 0.5°，红外光波长为 850 nm。实验中，通过 Dell 显示器呈现刺激材料（22 寸，1920×1080 像素，刷新率 60 Hz），并将眼动仪附着在显示器下方，为避免在实验过程中受试者因头部晃动而导致采样率过低，使用固定头托固定受试者的头部。在刺激呈现之前，进行 9 点校准程序，受试者眼睛距离屏幕 70±10 cm。

同时，采用岛津 LIGHTNIRS 连续波近红外系统（岛津公司，日本京都），采样频率设置为 13.3 Hz。通过局域网连接方式实现近红外光谱仪与眼动仪的同步记录。电脑 A 负责呈现刺激并收集眼动数据，电脑 B 负责收集 fNIRS 数据。当刺激呈现或被试响应时，眼动设备会发送一个精确的事件标记信号，确保功能近红外光谱仪与眼动仪的同步。

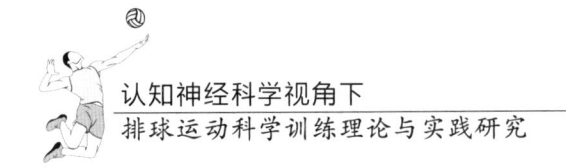

由于两种设备均使用红外光，因此通过特殊设置以减少彼此之间的干扰：功能近红外光谱仪传感器由隔热带固定，以确保与皮肤的紧密接触；同时，红外相机与功能近红外光谱仪传感器分离，避免相互干扰。

本实验采用高清实景排球比赛视频片段作为刺激材料。所有视频片段均选自国际排球联合会（FIVB）主办的官方国际赛事，包括2018-2019年世界男、女排世界杯及世界锦标赛。参照以往研究标准，刺激材料截取的时间段为从二传手传球动作开始，至扣球运动员手触球瞬间结束。使用视频编辑软件（EV，一唯科技）对原始比赛视频进行剪辑，并通过Ulead VideoStudio 11（Ulead，友立）软件进行进一步的编辑与图像处理加工。

第二章
研究进展与现状

一、研究进展

实验前,向受试者详细解释实验的目的、重要性、具体流程和操作方法。重点强调受试者需要以真实比赛的心理状态来观察接扣球场景,以确保实验数据的真实性。为此,先进行预实验,让受试者熟悉键盘和按键操作。每名受试者进行8次按键练习,以确保熟练掌握按键技巧(该阶段实验材料不会在正式实验中出现)。正式实验前,先进行30 s静息态数据采集作为基线,以确保受试者处于相对稳定的状态。

正式实验开始时,红色的注视点("+"符号)会出现在白色背景的中心,持续1 000 ms,随后呈现一段接扣球视频,时长约为2 000 ms(接扣球视频片段的顺序已被随机排列)。之后黑屏1 000 ms,同时受试者需在1 000 ms内快速做出选择。在每个试次中,受试者都需要根据接扣球视频片段中球

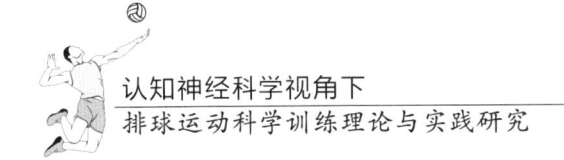

的落点位置进行预判，并快速按下相应的数字键（"1""2"或"3"）。每个试次约为4 000 ms，随后会自动进入下一个试次，每次完成7个试次（任务时间为28 s）后进入休息阶段（30 s），整个实验共有28个试次。为进一步模拟运动员在高压运动情境中快速准确反应的重要性，本研究设定受试者需在1 000 ms内完成落点判断，超时结果不计入统计分析（图2-1）。

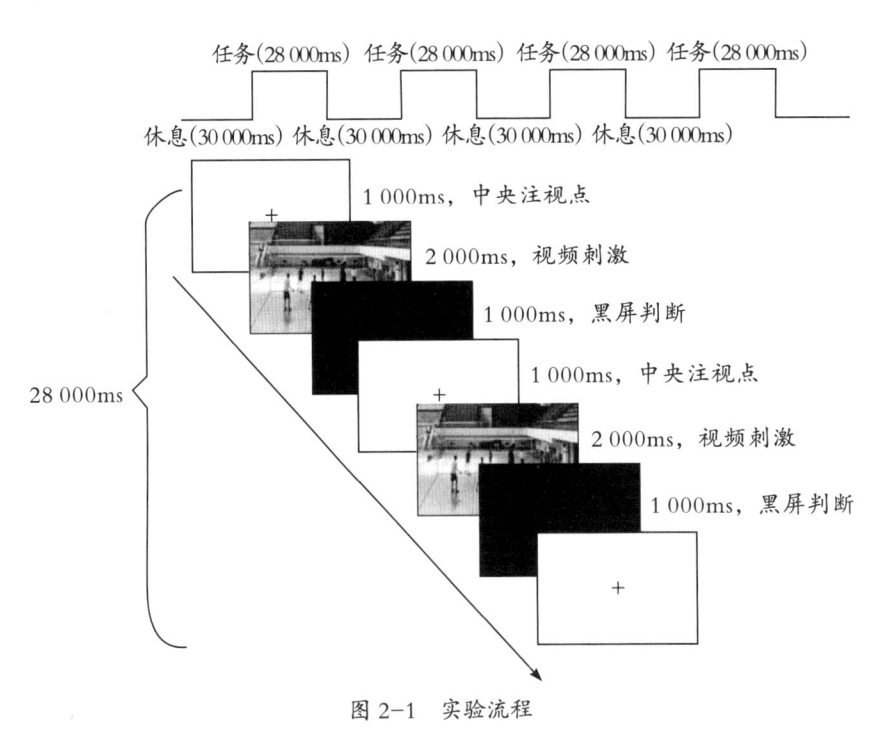

图2-1 实验流程

在通道布局方面（图2-2），由8个发射光极（涵盖780、805、830 nm长）和8个接收光极，共同构成22个测量通道。探头的布置参考10-20脑电系统，将帽子中线与

CZ-OZ线重合，使用3D定位仪确定探头位置，并通过概率配准方法把每个fNIRS通道位置与MNI空间坐标进行配准，以获得与区分区之间的对应关系。覆盖的脑区主要包括：①背外侧前额叶皮层，对应通道为1，2，6，7，9，14；②腹外侧前额叶，对应通道为8，15，16，22；③额极区，对应通道为3，4，10，11；④眶额区，对应通道为4，5，12，13。

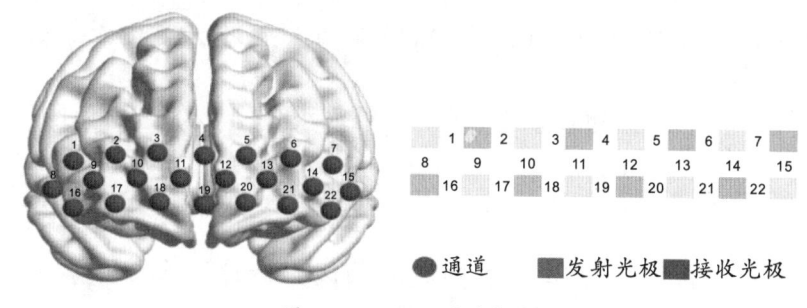

图 2-2　fNIRS通道布局

图2-2中，fNIRS行为学指标为反应时间和正确率，并以此计算所有受试者各绩效指标的均值作为行为结果。眼动数据以整个视频画面作为感兴趣区域（ROI），采用aSee Studio软件分析眼动数据。剔除累积置信水平不足90%（最高置信水平为1）的眼动数据。专家组（90.92±4.02）和新手组（91.69±4.73）均符合数据质量要求。选取了眼跳幅度和瞳孔直径作为眼动指标。由于眨眼引起的瞳孔直径数据缺失以及前后数据异常，采用线性插值法进行数据填充和修正。

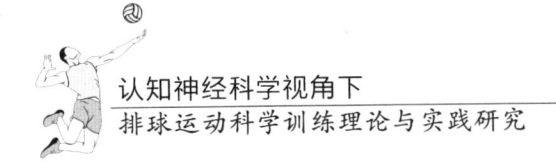

fNIRS 数据使用 Matlab（R2013b）平台的 NIRS_SPM 工具包进行分析。具体步骤如下：①将原始 fNIRS 数据转换为 NIRS_SPM 兼容格式，使原始数据转换为光密度的变化，通过修正的比尔—朗伯定律将光强数据转换为血氧数据。应用低通滤波器消除心脏和呼吸伪影以及低频漂移，基于小波分析的去趋势算法去除高频噪声。②基于一般线性模型（GLM）构建设计矩阵，使用具有时间导数的血流动力学响应函数对 fNIRS 信号进行建模。③对任务条件下的 Beta 值进行评估，作为相应通道的激活指标，Beta 值为正表示激活，Beta 值为负表示负激活。根据通道构成的脑区，计算所有受试者各通道 Beta 值的均值作为大脑激活指标。

利用 IBM SPSS 26.0 对测量的行为学、眼动和 fNIRS 数据进行夏皮罗—威尔克检验，$P > 0.05$ 表示服从正态分布。通过独立样本 t 检验分别观察两组排球运动员在接扣球知觉预测任务中的差异，并对两组运动员在任务过程中的眼动指标和 fNIRS 数据进行 Pearson 相关分析，P 值进行 FDR 校正，以避免 I 类错误。

实验分为练习阶段和正式测试阶段。

（1）练习阶段：包含 5 次视频判断，使用的刺激材料在随后的正式测试阶段中不会出现。该阶段的目的是帮助参与者熟悉实验流程，在此期间未收集任何数据。

（2）正式测试阶段：正式实验前，先进行30 s静息态数据采集，作为基线数据。实验开始后，首先在白色背景上呈现注视点符号"+"，持续1 000 ms；随后呈现一段发球视频，时长约为2 000 ms（发球视频片段的顺序为随机排列）；之后黑屏1 000 ms，同时受试者需在1 000 ms内快速预测排球落点。如认为球的落点在排球场地的左、中、右区域，则分别按对应的"1""2""3"号键。每个试次约为4 000 ms，随后会自动进入下一个试次。每次完成7个任务（任务时间为28 s）后进入休息阶段（30 s），整个实验共有28个试次。为尽量接近真实的接发球情境，受试者的落点判断必须在1 000 ms以内完成，超出时间范围的判断结果不纳入后续的统计分析（图2-3）。

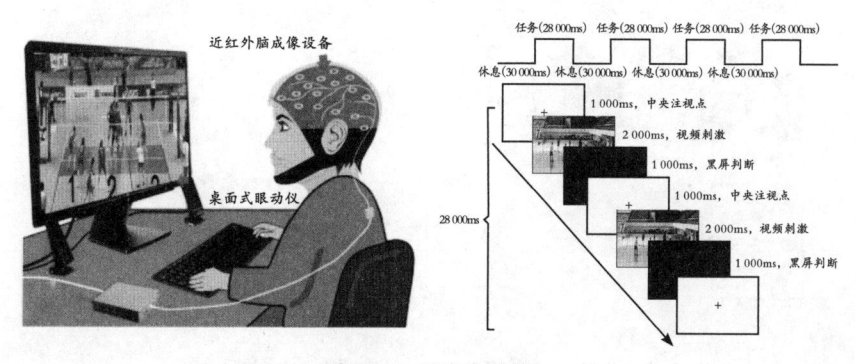

图2-3 测试流程图

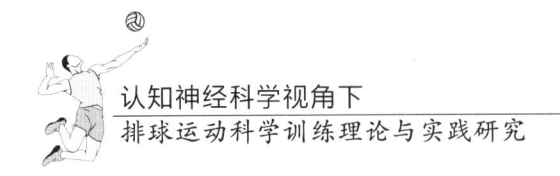

二、研究现状

本研究采用 LIGHTNIRS 连续波近红外光谱系统（岛津，日本），采样频率为 13.3 Hz。使用厂家自带的前额叶模板，由 8 个发射光极（涵盖 780、805、830 nm 波长）和 8 个接收光极共同构成 22 个测量通道（图 2-4A）。使用 3D 定位仪确定探头位置，并通过概率配准方法将每个 fNIRS 通道的位置与 MNI 空间坐标进行配准，以获得所有通道与布罗德曼分区的对应关系（图 2-4B）。覆盖脑区主要包括：①左侧背外侧前额叶（L-DLPFC）；②右侧背外侧前额叶（R-DLPFC）；③左侧腹外侧前额叶（L-VLPFC）；④右侧腹外侧前额叶（R-VLPFC）；⑤左侧额极区（L-FPA）；⑥右侧额极区（RFPA）；⑦左侧眶额区（L-OFC）；⑧右侧眶额区（R-OFC）。

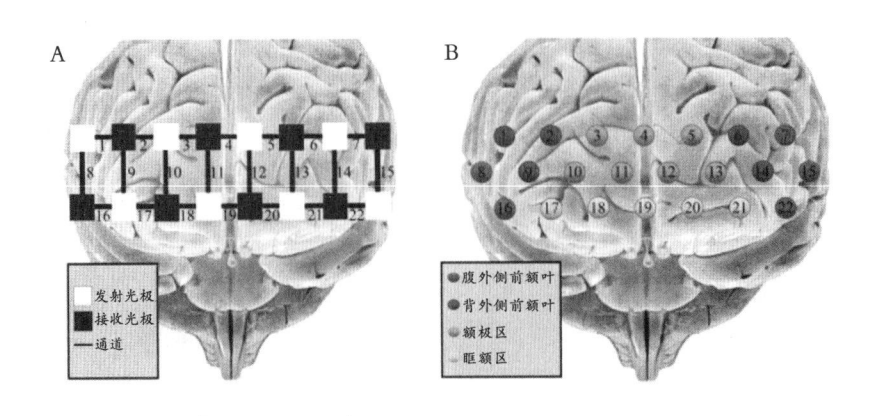

图 2-4 fNIRS 通道布局（A. 探头布置　B. 脑区划分）

同时，使用附着在计算机显示器（22英寸，分辨率1 920×1 080像素）底部的桌面式眼动仪aSee pro（7Invensun，中国）记录受试者的眼动数据。测量模式为瞳孔—角膜反射，采集频率为120～240 Hz，视场角为110°，精度为0.5°，红外光波长为850 nm。实验过程中配备固定头托，以避免受试者在实验过程中低头或转头导致的眼动数据采集质量下降。在刺激呈现之前进行9点校准程序，对未成功校准的受试者重复校准程序，受试者眼睛距离屏幕（70±10）cm。

通过局域网连接实现fNIRS和眼动仪的同步记录，电脑A负责呈现刺激并收集眼动数据，电脑B负责收集fNIRS数据。刺激呈现受试者响应时，电脑A会传递信号，使fNIRS和眼动设备同时记录数据，该信号确保眼动和fNIRS数据同步记录，并生成准确的时间标签以匹配离线数据（离线分析时，以注视开始和注视结束的时间点为fNIRS数据分段依据）。此外，为避免这两种设备之间的干扰应注意：①fNIRS传感器由隔热头带固定，以确保传感器带与皮肤之间紧密接触，并最大限度减少外部（近）红外源的影响；②红外相机和fNIRS传感器分离，使红外相机以远离前额的角度朝向瞳孔中心；③通过预实验，确保打开和关闭眼动仪对fNIRS信号

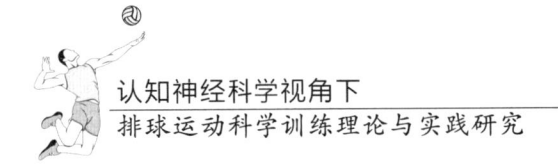

无影响。

行为学指标为反应时和正确率，将受试者各绩效指标的均值作为行为结果。以整个视频画面作为感兴趣区域（ROI），采用aSee Studio软件分析眼动数据。剔除累积置信水平不足90%的眼动数据。专家组（90.92%±4.02%）和新手组（91.69%±4.73%）均符合数据质量要求。选取眼跳幅度和瞳孔直径作为眼动指标。由于眨眼会引起瞳孔直径数据缺失以及前后数据异常，故采用线性插值法进行数据填充和修正。

使用Matlab R2013b平台的NIRS_SPM插件分析fNIRS数据，将原始数据转换为光密度的变化，然后应用低通滤波器消除心脏和呼吸伪影以及高频噪声。通过修正的比尔－朗伯定律将光强数据转换为血氧数据，随后对数据进行预处理，消除异常值，提高信噪比，便于后续计算分析。具体包括：MNI坐标配准、构建基于一般线性模型的设计矩阵、采用基于具有时间导数的血流动力学响应函数（HRF）的低通滤波器、采用基于小波分析去趋势算法的高通滤波。然后对任务条件下的激活值（Beta）进行评估，作为相应通道的激活指标。利用SPSS 26.0对测量的行为学、眼动和fNIRS数据进行

Shapiro-Wilk 检验，$P > 0.05$ 表示数据服从正态分布。通过独立样本 t 检验分析两组运动员之间的差异，并对两组运动员在知觉预测任务中的眼动指标和 fNIRS 数据进行 Pearson 相关分析。涉及多重比较时，使用 FDR 校正所有的 P 值，$P < 0.05$ 表示差异具有统计学意义。

第三章
排球运动员专业能力评估模式建构

排球运动作为一项集体竞技体育项目，对运动员的全面能力有着极高的要求。在竞技水平不断提升的今天，科学评估运动员的专业能力变得尤为重要。本章将详细探讨排球运动员专业能力评估模式的建构，旨在为选拔和培养优秀排球运动员提供科学依据。排球运动员的专业能力评估模式对于提高运动表现、优化训练计划和提升竞技水平具有重要意义。通过系统化的评估，教练员可以更准确地了解运动员的优势和不足，从而制定个性化的训练方案，提高训练效率。评估模式的目标是构建一个全面、客观、科学的评估体系，为运动员的培养和选拔提供决策支持。

后备人才培养是竞技体育不可或缺的一部分。随着竞技排球运动比赛规则的不断修订，竞赛变得更加激烈，例如比赛时间缩短、节奏加快、竞赛强度提高等。因此，如何通过科学的方式进行评估，挑选出具有潜能的优秀排球运动员进行培养，进一步提升我国排球的竞技实力，显得尤为重要。教练和选训人员的责任应是通过运动科学的方法，将先天条件优秀的青少年人才遴选出来，并进行科学化、系统化、有目的的训练，使其发挥运动潜能。排球运动在我国已发展多年，但遗憾的是，绝大多数教练的选材方式仍偏重于自然选材与经验选材，至今尚未有一套完整、科学化的选材依据与模式。排球运动是一项多人协作的团队运动，而团队运动最重视的就是选手之间的相互合作，仅凭借选手在球场上的表现统计数据或球队的胜负，并不足以全面代表选手个人的球技或进行准确评价。运用多准则决策（Multiple Criteria Decision Making，MCDM）来评估选手在球场上的表现或能力，是一套具体而有效的方法。这一决策模式已经逐渐被运用到体育学界的各个领域当中，特别是在指标及相关权重的建立上具有重要意义。

如今，我国优秀青少年排球运动员的培养面临诸多挑战，这已成为阻碍我国排球运动发展的主要原因之一。

一、排球攻击手专业能力构面中评估的重要性分析

在排球攻击手专业能力构面权重中，最高的5项依次为运动能力、基本体态、攻击技巧、心理素质和防守技巧，其

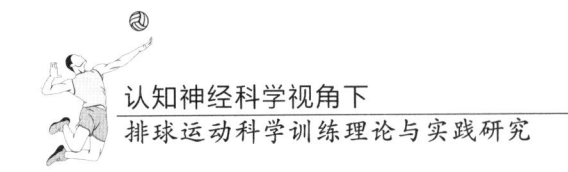

中以运动能力的权重值最高。排球运动是一项需要高度爆发力的运动，对快速移动、跳跃以及无氧能力的需求较高。此外，构成排球运动员专业能力的主要因素包括肌力、反应时间、爆发力、动作速度和特殊动作协调性等。在排球运动员专项技术中，攻击手展现的运动能力特点包括速度、敏捷性、协调性、跳跃能力和反应能力等。

二、排球攻击手专业能力属性上评估的重要性分析

在排球攻击手专业能力评估属性权重方面，最高的5项依次为跳跃能力、身高体形、攻击空间的掌握能力、拼斗意志力和协调性。排球比赛是一项需要运动员迅速移动位置和快速改变方向的运动。由于排球场地较小，运动员的移动距离较短，且移动速度并非唯一关键因素，因此更强调动作速度的质量。在比赛过程中，扣球攻击、拦网和发球等技术动作都需要使用跳跃动作。因此，运动员的跳跃能力与其技术发挥相辅相成、紧密关联。跳跃能力是排球攻击手最重要的基本能力之一，提升跳跃能力对其技术和战术的发挥具有决定性作用。就目前排球运动的发展趋势来看，运动员的身高是一个重要的基本条件。然而，身高并不是影响比赛胜负的唯一因素。运动员的跳跃能力同样与比赛胜负密切相关，可

以说是排球运动的关键要素。以 2012 年伦敦奥运会男子排球前八强的 96 名选手为例，统计数据显示，有 51 名运动员的扣球高度达到 350~375 cm，占全体运动员的 53.12%。这些运动员的整体扣球高度平均为 344.52 cm，拦网高度平均为 324.20 cm。由此可见，运动员的跳跃能力直接影响左右攻击手扣球和拦网的成功率，是影响球队胜负的关键因素。

在当今排球比赛中，网上争夺愈来愈发激烈，除了要求攻击手不仅需要跳得快、跳得高，还要具备较长的滞空时间长和连续弹跳的能力。因此，绝不能忽视攻击手跳跃能力的重要性。

三、排球攻击手专业能力构面上评估的重要性分析

在排球攻击手专业能力评估权重方面，最高的 5 项依次为基本体态、运动能力、攻击技巧、心理素质和防守技巧，其中基本体态的权重值最高。Shepherd（1978）指出，身体形态是影响运动员成绩表现的关键因素，身高、体重、肢体和躯干比例等都会影响专项运动技术的发挥。一些研究也指出，身体基本条件（如身体形态、网上高度）等非技术性指标是影响排球运动成绩以及与世界强队抗衡能力的重要因素。

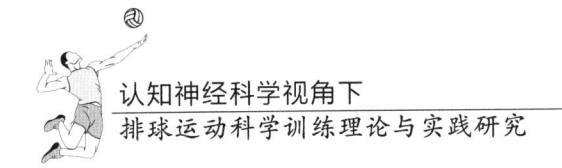

随着排球运动的不断改革与发展，潇洒流畅的跳跃发球、积极有效的扣球攻击和铜墙铁壁般的拦网等技术，已成为当今世界排球发展的主要趋势。这也表明，基本体态是成为优秀选手不可或缺的因素，也是必须具备的重要条件。现代优秀排球快攻手的基本体态大致可以归纳为：身材高大、四肢匀称且修长、肌肉比例良好、连续弹跳能力高且持久、上肢的挥击速度快、下肢爆发力强、步伐移动速度快、行动敏捷以及反应能力与协调性良好等。此外，本研究结果显示，排球快攻手在防守技巧中的权重值最低。主要原因在于现代排球运动加入了主司防守的自由人，这减轻了快攻手在后排防守的范围与压力，从而影响了防守技巧的基本功与重要性。

四、排球快攻手在专业能力属性上评估的重要性分析

在排球快攻手专业能力评估属性权重方面，最高的5项依次为身高体形、反应能力、攻击脚步的能力、敏捷性、攻击空间的掌握能力。有专家指出，现代世界男子排球运动员由于身材高大，后排攻击的质量与数量明显提升。如果能与前排快攻精密配合，可促使前后排进攻战术达到相互掩护的

目的，朝着全方位、立体化、快速多变的方向发展。屈东华（2001）的研究指出，在21世纪的排球运动发展中，运动员利用高度来展现技术的威力，已然成为竞技排球运动的关键。由此可知，在排球比赛中，运动员的高大身材确实具有显著优势，加上运动员优异的跳跃高度，更能展现技术和力量的内涵。

排球运动员的专业能力评估模式通常包括以下几个维度。

（1）身体形态：包括身高、体重、肢体比例等，这些因素直接影响运动员在场上的移动和空中作业能力。

（2）体能素质：涉及速度、力量、耐力、灵活性和协调性等，是排球运动员完成技术动作和战术要求的物理基础。

（3）技术能力：包括发球、接发球、传球、扣球、拦网等基本技术，以及在此基础上的战术应用能力。

（4）战术理解与执行：评估运动员对战术的理解和执行能力，包括比赛意识、位置感和团队协作等。

（5）心理素质：包括抗压能力、自信心、决策能力和竞技心态等。

这些因素在关键时刻往往决定比赛的走向。我们可以通过定量评估、定性评估及多准则决策等方法对运动员进行评估。

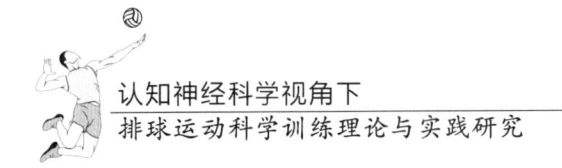

1. 定量评估

通过物理测试和技术分析工具，如速度计、力量计和视频分析等，对运动员的体能和技术进行量化评估。

2. 定性评估

通过比赛观察、教练员评价和同伴反馈等，对运动员的战术理解和心理素质进行评估。

3. 多准则决策方法

运用多准则决策（MCDM）等方法，结合定量和定性评估结果，对运动员的综合能力进行评价。

评估模式的构建由以下几个部分组成。

（1）身体形态评估：身体形态是排球运动员基本条件的直观反映，包括身高、体重、四肢长度等指标。这些指标可以通过常规的体检和测量获得。身高和四肢长度对于扣球和拦网尤其重要，而体重则关系到运动员的稳定性和力量。

（2）体能素质评估：体能是排球运动员完成技术动作的基础。体能评估包括力量、速度、耐力、灵活性和协调性等方面。力量评估可以通过深蹲、卧推等力量测试进行；速度和耐力可以通过短跑、长跑和多组数的往返跑来评估；灵活性和协调性可以通过特定的体操动作和 T 测试等进行评估。

（3）技术能力评估：技术能力是排球运动员的核心能力。技术评估包括发球、接发球、传球、扣球和拦网等基本技术动作。这些技术的评估可以通过实战模拟、技术统计和视频分析等方法进行。每个技术动作的准确性、稳定性和攻击性都是评估的重要内容。

（4）战术理解与执行评估：战术能力是排球运动员智慧的体现。战术评估包括对战术的理解和执行能力。这可以通过模拟比赛、战术演练和教练员的主观评价来进行。战术评估的关键在于运动员能否根据比赛的实际情况灵活运用战术，并与团队成员有效配合。

（5）心理素质评估：心理素质是排球运动员在高压环境下保持稳定发挥的关键。心理评估可以通过心理测试、比赛表现和教练员的日常观察来进行。心理评估的内容包括抗压能力、自信心、决策能力和竞技心态等。

构建完整的评估模式可以应用于运动员的选拔、训练和比赛。在选拔阶段，评估模式可以帮助教练员发现具有潜力的运动员；在训练阶段，评估模式可以指导教练员制定个性化的训练计划，提高训练的针对性和效率；在比赛阶段，评估模式可以帮助教练员调整战术和人员安排，提高比赛的胜算。

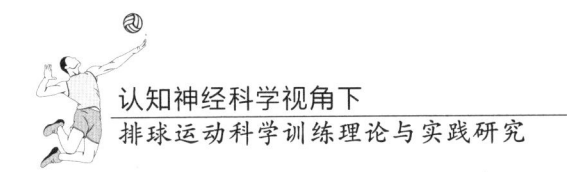

排球运动员专业能力评估模式的建构是一个系统工程,需要综合运用多种方法和工具。通过科学的评估,可以选拔和培养出优秀的排球运动员,从而提升整体竞技水平。这一评估模式的建立,不仅有助于运动员个人技能的提升,也对整个排球运动的发展具有重要的推动作用。

1. 身体形态评估分析

身体形态评估是排球运动员专业能力评估的基础。身高、体重和肢体比例是评估的主要内容。身高对于排球运动员来说是一个重要的优势,尤其是在扣球和拦网时。高个子运动员可以更容易地接触到球,从而完成攻击和防守。体重也是一个重要的因素,它影响运动员的稳定性和力量。过轻的运动员可能在对抗中处于劣势,而过重的运动员可能在移动和跳跃时遇到困难。肢体比例,如臂展和腿长,也对运动员的表现有重要影响。长臂展可以帮助运动员在拦网和扣球时覆盖更大的区域,而长腿则有助于提高跳跃能力和移动速度。

2. 体能素质评估分析

体能素质评估是排球运动员专业能力评估的重要组成部分。速度、力量、耐力、灵活性和协调性是评估的主要内容。速度评估可以通过短跑测试来完成,如30米冲刺,这可以测试运动员的爆发力和加速能力。力量评估可以通过深蹲、卧推等力量测试来完成，这些测试可以评估运动员的上下肢力量和核心力量。耐力评估可以通过长跑测试来完成，如1500米跑，这可以评估运动员的有氧耐力和恢复能力。灵活性评估可以通过坐位体前屈、立定跳远等测试来完成，这些测试可以评估运动员的关节活动范围和肌肉柔韧性。协调性评估可以通过T测试、敏捷梯等测试来完成，这些测试可以评估运动员的身体协调性和平衡能力。

3. 技术能力评估分析

技术能力评估是排球运动员专业能力评估的核心。发球、接发球、传球、扣球和拦网是评估的主要内容。发球评估可以通过测试运动员的发球速度、准确性和变化来完成，这些测试可以评估运动员的发球技巧和战术意识。接发球评估可以通过测试运动员的接发球稳定性、调整能力和传球质量来完成，这些测试可以评估运动员的接发球技巧和比赛战术能力。传球评估可以通过测试运动员的传球准确性、稳定性和分配球能力来完成，这些测试可以评估运动员的传球技巧和团队配合能力。扣球评估可以通过测试运动员的扣球力量、准确性和变化来完成，这些测试可以评估运动员的扣球技巧和攻击能力。拦网评估可以通过测试运动员的拦网时机、手

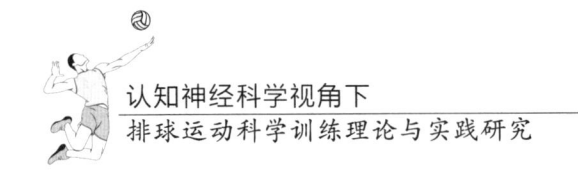

型和覆盖区域来完成，这些测试可以评估运动员的拦网技巧和防守能力。

4. 战术理解与执行评估分析

战术理解与执行评估是排球运动员专业能力评估的关键。比赛意识、位置感和团队协作是评估的主要内容。比赛意识评估可以通过模拟比赛和战术演练来完成，这些测试可以评估运动员对比赛节奏的把握和对战术变化的适应能力。位置感评估可以通过特定位置的训练和比赛来完成，这些测试可以评估运动员对自己位置的理解和对场上形势的判断能力。团队协作评估可以通过团队训练和比赛来完成，这些测试可以评估运动员与队友的沟通、配合和协作能力。

5. 心理素质评估分析

心理素质评估是排球运动员专业能力评估的重要组成部分。抗压能力、自信心、决策能力和竞技心态是评估的主要内容。抗压能力评估可以通过模拟高压比赛环境和心理测试来完成，这些测试可以评估运动员在压力下的发挥和恢复能力。自信心评估可以通过自我评价和教练员评价来完成，这些评估可以了解运动员对自己的信心和对比赛的把握。决策能力评估可以通过战术选择和比赛决策来完成，这些测试可以评估运动员在比赛中的决策速度和决策质量。竞技心态评估可以通过心理测试和比赛表现来完成，这些评估可以了解运动员的心态稳定性和心态调整能力。

在日常训练中，通过丰富战术，设计出多套足以在实战中应对对方打法的战略，一般上场的战术方法都是比赛前定好的。但如果遇到赛场上对方状况超出预期，临时变动战术战法虽然可以有效打击对手，争取获胜机会，但是如果不能很好地将战术改变传递给本队队员，很有可能对自身产生更大的影响。因此，在日常的训练中，不仅要重视队员之间的配合和战术，还需要重视整个队伍内信息的传递。如果教练员发现了对方球队的弱点并且本队恰好有破解的战术，这时就需要有简洁高效的信息传递系统来将更改战术的信息传递给场上的队员。这时，"自由人"就起到了全队信息枢纽的作用，他可以很快地接收教练的信息并将信息传递给队员。一套完备的信息传递系统需要根据教练的习惯和队员们的习惯来开发，需要队员和教练在日常的训练中慢慢地摸索和磨合，因此一定是根据队伍的不同而不同的，不可能是所有队伍都通用的。

根据分析，信息化系统的建设需要符合以下几个原则。

（1）简短高效：在比赛中，获胜的机会稍纵即逝，且赛

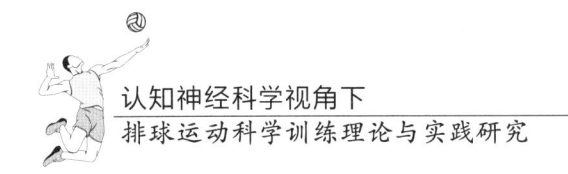

场上的噪音也可能比较大。因此，信息化系统必须简短高效，能在最短时间让所有队员都能有效接收到教练的意图，并配合战术。

（2）无歧义、无谐音：在建设信息化系统时，要充分考虑发音是否有歧义或谐音，以防止队员在比赛时误解教练的意图而使用错误的战术。

（3）隐蔽性：排球是一项群体性运动，教练在向本队队员传递信息时，对方的教练和队员也可能看到或听到。为了防止战术被对方识破，信息化系统在建设时必须考虑隐蔽性。

五、优秀青少年排球运动员专业能力需求评估的重要性分析

优秀青少年排球运动员专业能力需求评估分为5个构面：基本体态、运动能力、攻击技巧、防守技巧、心理素质。在各个构面下，共分为25个属性，作为评估依据。当今国际赛会的优秀青少年排球运动员，其运动能力整体表现已逐渐演变为各专项技术的全面提升。我国排球专业教练应针对不同位置与选手特性，加强个人攻击性技巧与防守性技巧的专项运动能力。

随着世界各国青少年排球运动员平均跳跃能力的不断提升，跳跃能力已成为国际赛会中决定胜负的重要因素。我国排球专业教练在未来应加强运动员跳跃能力的训练，除要求运动员跳得快、跳得高、滞空时间长外，还应注意连续弹跳的耐久力。当今青少年排球运动员体形高大化已成为世界各国组队参加国际赛事的必然趋势。随着运动员身高不断提升，扣球、拦网等攻守威力也相应提高。我国排球专业教练在未来选材时应加强培养体形高大的青少年球员，并将身高与跳跃高度列入选材的重要考虑因素。

在国际赛会的激烈竞争中，优秀的青少年排球运动员在比赛场上的表现，不再仅仅是技术与体能的比拼，更重要的是运动员在比赛中所展现的心理素质的优劣。因此，我国排球专业教练应在训练中积极提升选手的心理素质，使其在场上发挥优异的运动能力，这将是关系到全队能否发挥最佳竞技状态并坚持到最后一刻获胜的关键因素。

未来研究主要有以下几个方向。

（1）针对不同性别的青少年排球运动员：未来可针对不同性别优秀的青少年排球运动员的专业能力，进行评估模式建构后续的研究。

（2）针对其他层级的青少年排球运动员：未来可针对其

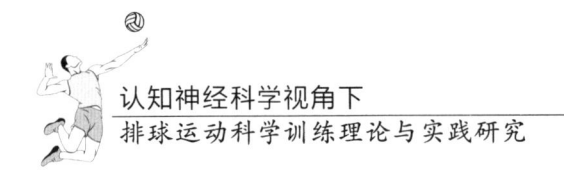

他层级优秀的青少年排球运动员专业能力，进行评估模式建构后续的研究。

（3）网络阶层分析法的应用：层级分析法假设各个研究构面相互独立，但在实际上，有些研究构面可能存在相互影响。因此，未来可以利用网络阶层分析法（Analytical Network Process，ANP），针对本章的各个层级架构进行探讨。

第四章
排球运动员空间认知能力研究

在排球运动中,运动员的空间认知能力是决定其场上表现的关键因素,特别是在紧张且多变的比赛环境中,这一能力对于快速决策和反应尤为重要。以下是对排球运动员空间认知能力研究的总结。

一、经验与知识

1. 大脑神经机制在运动决策中的作用

研究揭示了高水平排球运动员在进行运动决策时,其大脑右半球的特定区域(如枕叶外侧上脑区)与视觉信息处理相关的灰质体积和大脑皮层厚度与普通人存在显著差异。这些差异通过行为测试和MRI技术被观察到。

2. 眼动特征在专项认知中的表现

眼动分析作为一种研究工具,显示了专家级排球运动员在视觉信息处理上更为高效。这体现在他们的视觉搜索模式

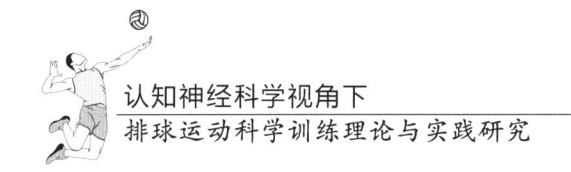

和注视信息上。具体来说，他们的注视点更少，每次注视的持续时间更长，并且覆盖的视野更广。

3. 空间能力的对比研究

比较不同运动项目和水平的运动员发现，高水平运动员在空间能力测试中表现更优。心理旋转测试能够较好地预测个体的空间能力。

4. 知觉预测中的视觉－运动认知加工特征

结合眼动追踪和功能性近红外光谱成像技术的研究显示，高水平排球运动员在知觉预测任务中有着更高的正确率和更快的反应时间。此外，专家组的瞳孔直径和眼跳幅度相对较小，这表明他们在信息处理上更为高效。

5. 情绪和执行功能对预判的影响

情绪状态和执行功能对排球运动员的预判能力有显著影响，执行功能在情绪影响预判的过程中起到了调节作用。因此，建议在训练中加入认知能力的训练。

6. 视觉搜索策略与预测能力的关系

研究发现，不同技能水平的排球运动员在预测扣球方向时采用不同的视觉搜索策略。专家级运动员能够更有效地利用早期视觉线索进行准确预测，而新手则更多依赖于对视觉线索的直接反应。这些研究结果表明，排球运动员的空间认知能力受到大脑结构和功能的影响,同时也与他们的视觉搜索策略、情绪状态和执行功能紧密相关。通过专门的训练和心理调整,可以有效地提升运动员的空间认知能力,进而提高其在竞技场上的表现。

二、实验设计

为研究排球运动员的空间认知能力,展开如下实验。

(1)假设1:行为实验中,专家和新手在空间认知过程(如视觉搜索、空间记忆)的反应时和正确率存在显著差异。

(2)假设2:fNIRS实验中,专家和新手在空间认知过程(视觉搜索、空间记忆)的Oxy-hb信号在功能脑区上存在显著差异。

采用两因素混合实验设计,运动水平为组间变量,不同空间认知任务为组内变量,旨在考察排球运动专家和新手在空间认知任务下的空间认知能力。

实验前让受试者填写自行编制的基本情况调查表,记录受试者的性别、年龄等基本信息。在实验开始前让受试者熟悉环境,并交代注意事项。实验过程中,每个受试者单独进行测试。请受试者坐在距离显示屏80 cm的座位上,将食指放在被测键上。

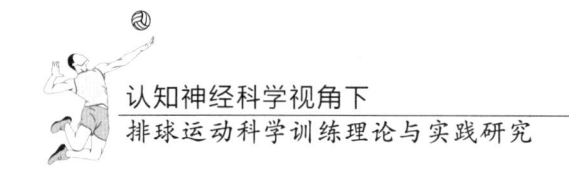

本次实验为了防止出现天花板效应，选取 6 名受试者（专家 3 名，新手 3 名）进行预实验，实验分为两个阶段：练习阶段和正式测试阶段。

在两个阶段中，每个轨迹的处理过程都相同：首先采集受试者 30 000 ms 静息态下的电生理信息；随后出现指导语程序，待受试者明白实验操作后按空格结束；在测试阶段，根据受试者的反应，在屏幕中央会显示"正确""错误"或"未响应"形式的反馈，持续 150 ms。

为了最大限度地减少超出任务熟悉程度的学习量，练习阶段被限制为 2 mins，该阶段使用的刺激材料与随后进行的正式实验（测试阶段）所用的刺激材料不同。练习阶段的目的是帮助参与者熟悉实验，在此期间未收集任何数据。

三、实验程序

（1）视觉搜索测试：本研究视觉搜索任务图片是由 12 个大写英文字母（L、O、W、X、U、E、B、C、P、R、F、H）随机组成的钟形矩阵构成（图 4-1）。字母 D 为恒定靶刺激，其他字母均为干扰刺激。实验中，靶刺激 D 出现在钟形矩阵每个位置上的概率相等，其他干扰刺激在矩阵每个位置上出现的概率为随机排列。

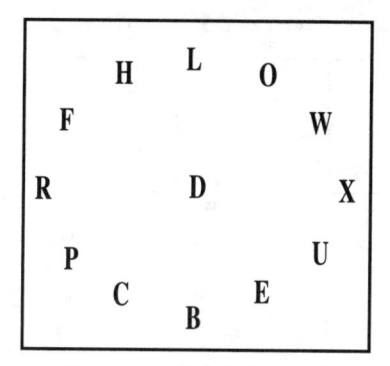

图 4-1　视觉搜索实验材料

正式测试与练习阶段实验过程相同，只是受试者做出反应后不会得到反馈。首先会出现在白色背景（完整的计算机显示）的中心出现红色的"+"注视点，持续 1 000 ms；随后出现一张中央带字母 D 的英文钟形矩阵，矩阵图片呈现 2 000 ms。受试者需要判断钟形矩阵中是否有对应字母 D，若有则按下 f 键，若无则按下 j 键，并在保证正确的前提下尽快按键。待练习结束后方可开始正式测试。

正式实验与练习实验过程相同，每个任务选择时间为 2 000 ms，但当受试者做出反应后不会得到反馈，2 000 ms 后会自动进入下一个任务。每次完成 12 个试次会进入休息阶段（时间为 20 s），让受试者保持放松状态，直到红色注视点"+"出现，进入下一个试次的实验刺激。一共有 48 个试次。其间受试者对任务的行为数据和 fNIRS 数据被记录到文件中，一直循环进行直至任务完成（图 4-2）。

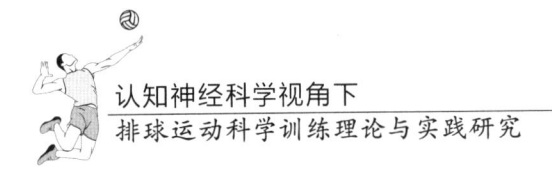

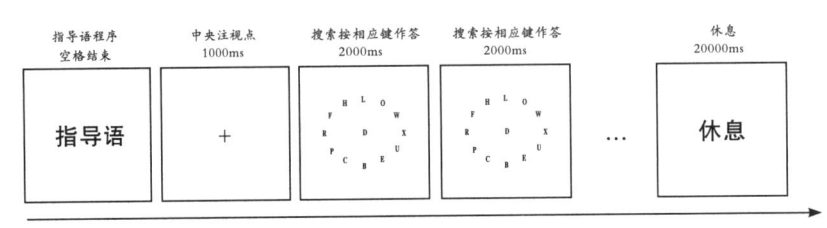

图 4-2 视觉搜索任务测试流程图

（2）空间记忆测试：空间记忆任务是由一个 5×5 的矩阵构成的正方形，其中随机六个方块为白色（图 4-3）。首先会出现在白色背景（完整的计算机显示）的中心出现红色的"+"注视点，持续 1 000 ms；随后出现识记刺激图片，呈现 2 000 ms，然后出现目标刺激图片，呈现 2 000 ms。要求受试者判断目标刺激图片与识记刺激图片是否一致，一致按 f 键，不一致按 j 键。

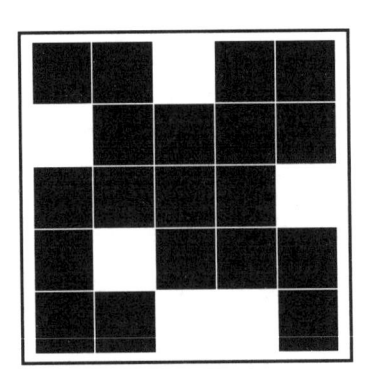

图 4-3 空间记忆实验材料

空间记忆任务共有 30 个试次，每 10 个试次休息 20 000 ms。记录受试者判断空间记忆所需的反应时间和正确率指标，并在完成空间记忆任务时，用近红外光谱成像技术（fNIRS）记录氧合血红蛋白和脱氧血红蛋白之间的吸收和散射关系，以考察任务状态下脑组织中的变化，进而反映脑功能等指标（图4-4）。

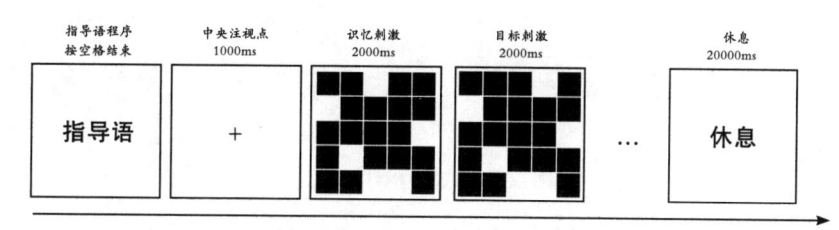

图 4-4　空间记忆任务测试流程图

第五章
眼脑交互视角下排球运动员对接发球的认知加工特征研究

在排球比赛中,接发球是攻防转换的关键环节,要求运动员在短时间内对发球的落点进行准确预判。这一过程涉及复杂的视觉信息处理和认知决策。眼脑交互研究通过结合眼动追踪和神经成像技术,为揭示运动员在接发球过程中的认知加工机制提供了新的视角。研究表明,排球运动员在接发球过程中的视觉搜索特征与他们的认知加工能力密切相关。专家级运动员能够更快地识别关键信息,并据此做出反应。

眼动追踪技术揭示了运动员在视觉搜索过程中的注视点分布、注视次数、注视持续时间和眼跳距离等特征。功能性近红外光谱成像技术(fNIRS)的应用,为研究运动员在接发球过程中的大脑活动提供了直接证据。研究发现,专家级运动员在处理视觉信息时,其大脑特定区域的激活模式与新手运动员存在显著差异,表明专家级运动员在认知加工过程中表现出更高的效率。

基于眼脑交互的研究结果,研究人员提出了一系列训练和干预措施，旨在提高运动员的视觉搜索能力和认知加工速度。这些措施包括视频分析训练、模拟训练、反应速度训练和决策训练等。眼脑交互研究为理解排球运动员在接发球过程中的认知加工特征提供了新的见解。专家级运动员在视觉搜索和认知加工方面表现出的优势，可能与他们丰富的经验和高度自动化的信息处理能力有关。然而，这些研究结果的应用仍需在实际训练和比赛中进一步验证。眼脑交互视角下的研究为排球运动员接发球过程中的认知加工特征提供了深入的理解。

将有限的注意资源分配在关键信息源上，能够提高资源的有效利用率。专家组将有限的注意资源集中到关键的信息源上，从而提高了视觉搜索模式的利用效率。排球运动员在对发球落点进行预判时，更倾向于采用速度性行为策略。

排球属于隔网集体对抗性运动项目。隔网对抗是指排球比赛在两队之间有一张网分隔，每队的目标是使球落在对方场地上，同时阻止对方球落在本方场地。以下是排球运动的主要特点。

（1）集体性：排球是一项团队运动，需要队员之间的密切配合和协作。每个队员都有特定的位置和职责，但同时也要准备随时支持队友。

（2）对抗性：比赛双方在场上直接对抗，通过发球、接

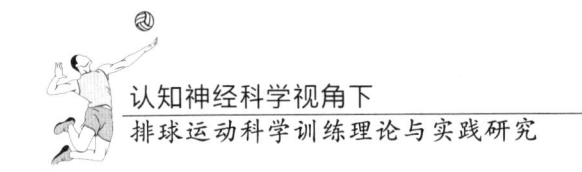

发球、进攻、防守、拦网等技术动作争夺每一分。

（3）战术性：排球比赛不仅考验运动员的个人技术，还考验团队的战术安排和执行能力。教练和队员需要根据比赛情况灵活调整战术。

（4）身体和心理素质要求高：排球运动员需要具备良好的身体条件，包括力量、速度、灵活性和耐力。同时，由于比赛的紧张和激烈，运动员还需要具备强大的心理素质。

（5）规则复杂：排球运动有一套详细的规则体系，涉及发球、接发球、进攻、防守、轮换、得分等多个方面，运动员和裁判都必须熟悉这些规则。

（6）国际普及：排球在全球范围内广泛流行，国际排球联合会（FIVB）和各国的排球协会都会组织各种级别的比赛，包括世界锦标赛、奥运会、世界杯等重要赛事。

（7）社交和文化价值：排球不仅是一项体育运动，也是一种社交活动。它促进了不同文化和国家之间的交流，增强了团队精神和社会联系。排球运动以其独特的魅力和挑战性，吸引了全球数以百万计的运动员和爱好者参与。

田麦久教授提出的项群理论认为，项群理论的主要内容包括以下几点。

（1）运动项目分类：将所有运动项目根据其共同的特点和规律，划分为不同的项群。每个项群内的运动项目在技术、战术、身体训练、心理训练等方面都有一定的共性。

（2）项群特征分析：对每个项群的运动项目进行特征分析，包括运动项目的竞技特点、比赛规则、运动员的体能和技能要求等。

（3）训练原理和方法：根据不同项群的运动项目特点，提出相应的训练原理和方法，以提高运动员的训练效果和竞技水平。

（4）竞赛策略：分析不同项群运动项目的竞赛策略，帮助运动员和教练员制定比赛计划和战术。

（5）跨项群训练：项群理论还涉及跨项群训练的概念，即运动员可以在不同项目之间进行训练，以提高其全面的运动能力和适应性。

（6）运动项目发展：项群理论还关注运动项目的发展规律，包括运动项目的起源、演变和未来发展趋势。

田麦久教授的项群理论对于体育科学研究、运动训练实践和体育教育都具有重要的指导意义。

通过项群理论，可以更科学地组织训练，更有效地提高运动员的竞技水平，同时也为体育管理和决策提供了理论依据。按照运动技能分类，排球应归属为集体对抗型运动技能。而在快速多变的排球运动中，快速的反应能力成为运动员不可或缺的技能。因此，经过长时间训练与比赛的运动员在成

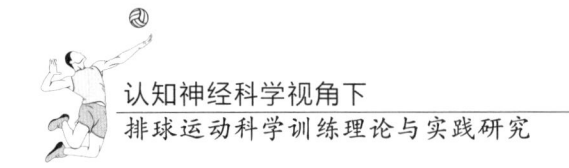

长的过程中已经形成了与排球这项快速多变的运动相适应的情景记忆模式。所以，当运动员对运动情景做出判断时，可以根据大脑中已有的情景记忆进行优先判断，并做出有效的行为决策。在排球比赛中，接发球是决定比赛走向的关键环节，它通常需要运动员迅速准确地预判球的飞行方向和落点。

以下是对接发球这个技术环节的一些分析。

（1）预判：接发球的第一步是预判发球的轨迹和落点。这需要运动员根据发球者的站位、抛球高度和发球动作来预测球的飞行路径。

（2）移动和定位：基于预判，运动员需要迅速移动到最佳位置，准备接球。

（3）接球技术：运动员需要使用正确的技术来控制球的落点，通常需要将球传给二传手或直接组织进攻。这一过程中，视觉搜索能力对于运动员获取场地信息、进行信息加工和做出决策至关重要。因此，深入研究排球运动员在接发球过程中的视觉搜索特征，对于提升运动员表现和制定有效训练计划具有显著的实用价值。

相关研究表明：① Piras（2014）对比了排球专家和新手的拦网知觉预测能力，发现专家比新手表现出更准确的预测。专家涉及更少的长时间注视，并且花费更少的时间来固定他们从中提取关键信息的显示区域进行判断。② Umezaki（2021）

以排球组合攻击中的接发球和扣球作为连续判断对象，发现专家在涉及持续决策预判的情况下也能保持较高的准确性。③肖坤鹏（2012）在一项研究中发现，优秀运动员在接发球过程中的预期阶段和操作阶段的视觉搜索特征存在显著差异。在执行阶段，运动员对场上其他运动员情景变化的视觉特征与预判阶段恰好相反。④Guichard（2020）在扣球、拦网和接发球等运动技术的研究中发现，专家组比对照组做出了更有效的预测。专家组运动员的注视区域精简且相对固定，这有利于避免无效信息区域对运动员的干扰。此外，在接发球、扣球和拦网认知加工过程中既具有共通性，也具有差异性。

本研究的目标旨在探索不同技术水平的排球运动员在接发球过程中的视觉搜索特征，包括注视频率、注视时长和眼跳距离等，以及这些特征如何影响运动员的预判准确性和反应速度。

通过实验，两组排球运动员接发球任务下行为学指标的独立样本 t 检验结果如图 5-1 所示：新手组的正确率（78.58%±5.96%）显著低于专家组（83.24%±6.39%），

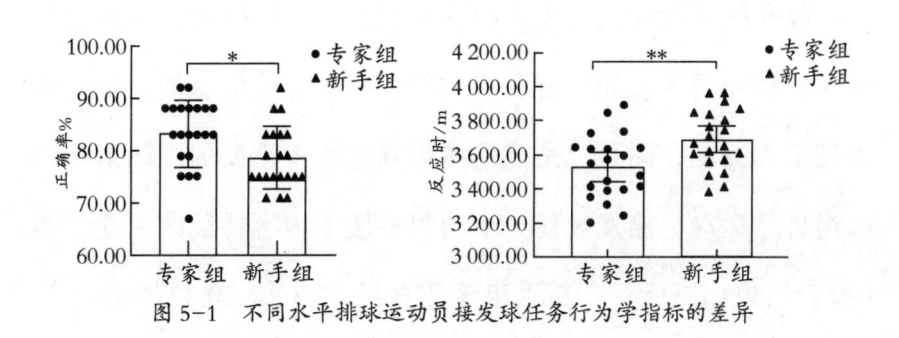

图 5-1 不同水平排球运动员接发球任务行为学指标的差异

t（40）=2.426，$P < 0.05$，Cohen'sd=0.74；新手组的反应时[（3691.09±175.35）ms]显著高于专家组[（3529.28±187.62）ms]，t（40）=2.887，$P < 0.01$，Cohen'sd=0.89。

眼跳幅度是运动员在预判决策任务中视觉搜索的空间特征，能够有效反映其运动信息的筛选范围和注意选择区域。两组排球运动员接发球任务下视觉搜索空间特征的独立样本t检验结果如图5-2所示：新手组眼跳幅度[（3.06±0.40）°]显著高于专家组[（2.69±0.27）°]，(t40)=-3.504，$P < 0.01$，Cohen'sd=1.08。

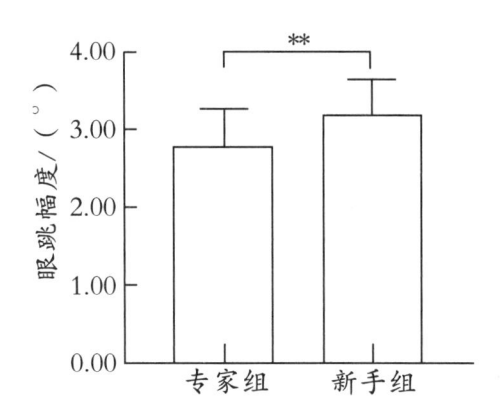

图5-2 不同水平排球运动员接发球知觉预测任务下眼跳幅度的差异

瞳孔的直径变化作为大脑唤醒水平的外周标记，可以反映个体在认知任务（如注意、知觉加工等）中的信息加工负荷或心理努力程度，同时也是接发球预判过程中重要的眼动指标。两组排球运动员接发球任务下的视觉搜索内容特征的独立样本t检验结果如图所示，新手组瞳孔直径[（3.21±0.43）mm]显著高于专家组［（2.78±0.48）mm］，t（40）=-3.043，$P<0.01$，Cohen'sd=0.94。

为考察不同水平排球运动员接发球知觉预测任务下的认知神经特征，将各通道的 Beta 值作为结果变量，采用独立样本 t 检验进行差异分析。脑激活分析结果显示，在接发球知觉预测任务中，专家组在通道 2（t=3.298，$P=0.002$，FDR 校正后 $P<0.05$，Cohen'sd=1.02）、通道 3（t=3.322，$P=0.002$，FDR 校正后 $P<0.05$，Cohen'sd=1.03）和通道 22（t=2.949，$P=0.005$，FDR 矫正后 $P<0.05$，Cohen'sd=0.91）的脑区激活显著低于新手组，提示专家组的右背外侧前额叶（R-DLPFC）、右额极区（R-FPA）和左腹外侧前额叶（L-VLPFC）激活显著低于新手组。

在反应时间和预判准确性方面，专家级运动员明显优于中级和初级运动员，显示出专家级运动员在信息处理速度和准确性方面的优势。在视觉搜索策略上，专家级运动员在接发球预期阶段的注视频率较低，注视时长较长，而在动作执行阶段则注视频率较高，注视时长较短。此外，专家级运动员在预期阶段的眼跳距离较小，而在动作执行阶段的眼跳距离较大，显示出他们能够根据不同阶段的视觉信息处理需求进行适应性调整。

分析讨论部分指出，随着运动员技术水平的提升，他们

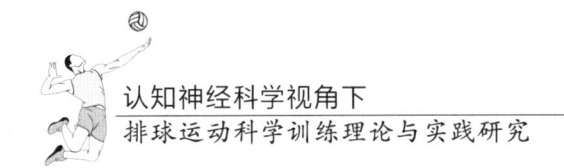

在视觉搜索效率和预判准确性方面表现出显著差异。专家级运动员能够更快速地提取关键信息，并在预判时展现出更高的准确性。这些差异可能与专家级运动员通过长期训练积累的丰富经验和对比赛情境的深刻理解有关。

总而言之，视觉搜索能力是排球运动员接发球过程中的关键因素。专家级运动员通过长期的训练和比赛积累了丰富的经验，他们对排球运动的规律、对手的动作习惯以及球场上的战术变化有深刻的理解和认识。这种专业知识使他们能够更快地识别和预测对方的攻击意图。同时，专家级运动员也在视觉搜索策略的高效应用、信息处理速度和预判准确性方面表现出显著优势。这些研究结果对于理解排球运动员的视觉搜索特征、优化训练方法和提升比赛表现具有重要的实际意义。

第六章
眼脑交互视角下排球运动员对接扣球的认知加工特征研究

在排球运动中，接扣球是攻防转换的关键技术环节，对运动员的视觉信息处理和认知决策能力提出了很高的要求。本研究采用眼动追踪技术和功能性近红外光谱成像技术（fNIRS），从眼脑交互的视角探讨了排球运动员在接扣球过程中的认知加工特征。研究结果表明，高水平排球运动员在接扣球过程中表现出更高效的视觉搜索模式和神经活动模式，这些特征与他们的预判准确性和反应速度密切相关。本研究为排球运动员的训练和认知能力提升提供了科学依据。

在排球比赛中，接扣球是决定比赛胜负的关键技术之一。运动员需要在短时间内对对方扣球的轨迹、速度和落点进行准确预判，并迅速做出反应。这一过程涉及复杂的认知加工，包括视觉信息的获取、处理和决策制定。眼脑交互视角为研究这一过程提供了新的研究途径。本研究旨在探讨排球运动员在接扣球过程中的视觉搜索和认知加工特征，以及这些特

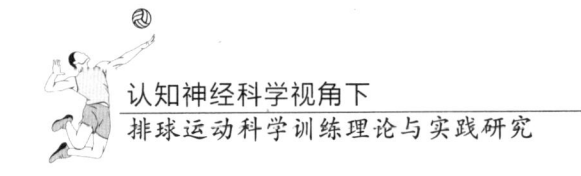

征如何影响其预判准确性和反应速度。

在排球运动中，运动员的眼跳距离和瞳孔变化是视觉信息处理的重要指标，它们与大脑特定区域的激活水平有着显著的相关性。这一现象反映了运动员在视觉搜索和认知加工过程中的神经生理基础。以下是一些关键点，解释了这种相关性。

（1）眼跳距离与视觉搜索：眼跳距离是指眼睛在连续注视之间移动的距离。运动员需要快速扫描场地，以获取关于对手位置、球的轨迹和即将发生的动作的信息。眼跳距离的长短反映了运动员视觉搜索的广度和深度。较大的眼跳距离可能表明运动员在更广泛的区域内搜索信息，而较小的眼跳距离可能意味着更集中的视觉注意力。

（2）瞳孔变化与认知负荷：瞳孔变化是大脑活动的一个外周指标，可以反映个体在认知任务中的信息加工负荷或心理努力程度。在排球运动中，瞳孔直径的变化可能与运动员对即将发生事件的预期、注意力集中和情绪状态有关。

（3）大脑激活与视觉信息加工：功能性近红外光谱成像技术（fNIRS）和功能性磁共振成像（fMRI）等神经成像技术可以用来观察运动员在进行视觉搜索时大脑特定区域的激活情况。研究表明，排球运动员在进行视觉搜索时，大脑的前额叶、顶叶和枕叶等区域的激活水平会发生变化，这些区域与视觉注意力、空间感知和运动控制有关。

（4）眼脑交互的相关性：眼跳距离和瞳孔变化与大脑激活水平的相关性表明，运动员的视觉信息加工与大脑的认知资源分配密切相关。高水平的排球运动员可能在视觉信息加工方面表现出更高的效率，这可能与他们在大脑特定区域的激活模式有关。

（5）训练和适应：长期的训练和比赛经验可能导致运动员在视觉信息加工方面的神经网络发生变化，从而提高他们在视觉搜索和认知加工方面的能力。这种适应性变化可能使运动员在面对复杂的运动情境时，能够更快、更准确地做出决策。

综上所述，排球运动员的眼跳距离和瞳孔变化与大脑特定区域的激活水平之间的相关性，揭示了运动员在视觉信息加工和认知决策方面的神经生理机制。这些发现对于理解运动员的视觉搜索策略、优化训练方法和提高竞技表现具有重要的实践意义。

研究发现，在接扣球知觉预测过程中，专家组运动员的瞳孔直径和眼跳幅度显著低于新手组。这与以往在运动情境中发现专家运动员具有高效的视觉信息加工能力相一致，能够使其快速调整对运动信息的筛选范围和注意选择区域，表

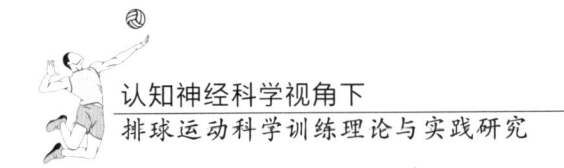

现出精简、明确的视觉搜索模式。因此，在面临复杂的运动情境时，专家运动员能够以更有效的方式引导视觉系统预测接扣球的细微变化，心理负荷程度较小。新手运动员缺乏运动场景和专业知识的积累，对比赛情境和对手动作的知觉预测能力不足，容易受到场上无关视觉信息的干扰，在努力捕捉关键视觉信息后，新手运动员需要加工来球速度、旋转、空间位移、击球落点等信息，因此需要投入更多的心理资源。因此，相比专家组运动员，新手组眼跳幅度和瞳孔变化显著增大。

在排球接扣球任务中，专家运动员投入的认知资源较少，表现出左右脑区协调加工的认知特征。专家运动员能够更好地将资源分配给任务的核心部分，从而减少无效线索造成的干扰，保证决策的准确性以及大脑资源的最佳控制。在运动情境中，专家运动员展现出高效的视觉信息加工能力，这一能力是他们在竞技体育中取得优异成绩的关键因素之一。以下是专家运动员在视觉信息加工方面表现出的几个显著特点。

（1）快速信息处理：专家运动员能够迅速处理视觉信息，从复杂的运动环境中快速提取关键信息，如对手的动作、球的轨迹和速度等。

（2）自动化的视觉搜索：通过长期训练，专家运动员发展出自动化的视觉搜索模式，能够自觉地关注最相关的视觉信息，而忽略无关的干扰。

（3）优化的注意力分配：专家运动员能够有效地分配他们的注意力资源，将注意力集中在最重要的信息上，如关键的比赛动态或技术动作的细节。

（4）准确的预判：基于丰富的经验和对运动规律的深刻理解，专家运动员能够准确预判即将发生的事件，如球的落点或对手的下一步行动。

（5）灵活的视觉策略调整：在比赛环境变化时，专家运动员能够灵活调整他们的视觉搜索策略，以适应不同的比赛条件和对手。

（6）高效的神经激活：功能性近红外光谱成像技术（fNIRS）和功能性磁共振成像（fMRI）等神经成像研究表明，专家运动员在进行视觉信息加工时，其大脑相关区域的激活更为高效和集中。

（7）减少的认知负荷：专家运动员在执行复杂任务时表现出较低的认知负荷，这意味着他们在处理视觉信息时消耗的心理资源更少。

（8）快速反应时间：专家运动员在接收到视觉信息后能够更快地做出反应，这在需要快速决策的运动项目中尤为重要。

（9）经验依赖的决策：专家运动员的决策过程往往依赖

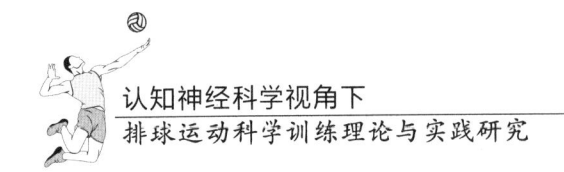

于他们丰富的经验，他们能够迅速从记忆中提取相关信息来指导行动。

（10）心理调节能力：专家运动员在高压环境下仍能保持冷静，有效地调节自己的情绪和心理状态，以维持视觉信息加工的稳定性。

这些高效的视觉信息加工能力是通过长期的专项训练、比赛经验积累和心理训练获得的。这些能力的提升对于运动员在竞技体育中的表现至关重要，也是运动心理学和运动训练领域研究的重点。然而，当现实情况与大脑的预测出现偏差时，大脑会迅速调整策略，增加认知资源的投入，灵活应变意外情况。新手组需调动更多认知资源来整合动作表象信息，更深层次地提取已有的专项知识，在大脑前额叶表现出更高的激活水平。

相关性分析发现，排球运动员的眼跳距离和瞳孔变化与大脑特定区域的激活水平显著相关。基于瞳孔心理反射的生理机制，个体在大脑准备加工特定信息时，眼睛捕捉并传递的信息与大脑内部的信息处理过程呈现出高度的耦合性，具体体现在前额叶的激活水平和瞳孔大小的变化上。

行为学结果将专家组与新手组在接扣球任务下行为学结果（正确率、反应时）的均值采用独立样本 t 进行检验，其结果显示（表6-1）：在正确率方面，新手组显著低于专家组 [t（40）=2.63，$P < 0.05$，Cohen'sd=0.81]；在反应时方面，新手组显著大于专家组 [t（40）=3.284，$P < 0.05$，Cohen'sd=1.01]。

表6-1 接发球知觉预测任务正确率和反应时

	专家组		新手组	
	M	*SD*	*M*	*SD*
正确率（%）	82.29	6.64	76.52	7.51
反应时（ms）	3472.14	96.58	3559.91	75.32

通过采用独立样本 t 检验，对不同水平排球运动员接扣球任务下的瞳孔直径和眼跳幅度进行比较，将所有被试的眼动数据进行均值化操作。瞳孔直径结果分析（表6-2）：新手组显著大于专家组 [t（40）=2.831，$P < 0.05$，Cohen'sd=0.87]。眼跳幅度结果分析：新手组显著大于专家组 [t（40）=2.28，$P < 0.05$，Cohen'sd=0.70]。

表6-2 接发球知觉预测任务瞳孔直径和眼跳幅度

	专家组		新手组	
	M	*SD*	*M*	*SD*
瞳孔直径（mm）	2.78	0.32	3.13	0.47
眼跳幅度（°）	3.99	0.45	4.48	0.85

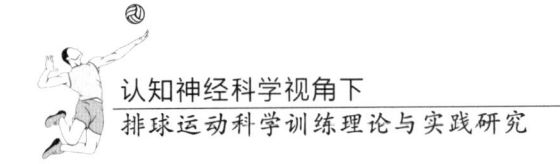

通过实验数据表明：专家运动员能够迅速处理视觉信息，从复杂的运动环境中提取关键线索。这种能力使他们能够在对手扣球的瞬间，快速识别球的速度、旋转和预期轨迹。这种快速的信息处理能力是通过长期的训练和比赛经验积累形成的。与新手运动员相比，专家运动员在视觉搜索策略上更为高效。他们能够快速定位到最关键的视觉信息，如对手的手臂角度、手腕动作和球的初始飞行方向。这种高效的搜索策略减少了无关信息的干扰，提高了预测的准确性。专家运动员在接扣球过程中展现出精准的注意力分配能力。他们能够根据比赛的实时变化，灵活调整注意力的焦点，从而在关键时刻捕捉到关键信息。这种注意力的精准分配有助于他们更快地做出反应决策。功能性近红外光谱成像技术（fNIRS）和功能性磁共振成像（fMRI）等神经成像技术的研究显示，专家运动员在处理视觉信息时，其大脑的激活模式更为集中和高效。这表明他们的神经机制在预测接扣球的细微变化时更为优化。专家运动员通过长时间的训练和比赛，积累了丰富的经验。这些经验使他们能够更好地理解比赛的规律，预测对手的行为模式，并据此调整自己的应对策略。这种经验的积累是提高预测准确性的重要因素。在高压的比赛环境中，专家运动员能够更好地调节自己的心理状态，保持冷静和专注。这种心理调节能力有助于他们在关键时刻保持视觉信息处理的稳定性和准确性。

为了提高运动员的视觉信息处理能力，教练员和训练师采用了多种创新的训练方法，如虚拟现实训练、视频反馈分析和模拟比赛环境等。这些训练方法有助于运动员在模拟的比赛环境中提高视觉搜索和预测能力。未来的研究可以进一步探讨专家运动员在视觉信息处理方面的优势，以及这些优势如何通过训练转移到新手运动员。此外，研究还可以探索不同训练方法对提高运动员视觉预测能力的效果，以及这些能力如何影响比赛表现。

总结来说，专家运动员在接扣球过程中的视觉系统预测能力是他们多年训练和比赛经验的结晶。这种能力不仅体现在快速的信息处理和高效的视觉搜索策略上，还体现在精准的注意力分配、优化的神经机制和丰富的经验积累上。通过进一步的研究和训练，这些能力有望被更广泛地应用于运动员的训练和比赛中，以提高整体的竞技水平。

在排球等竞技体育中，新手运动员常常面临着诸多挑战，尤其是在知觉预测能力方面。由于缺乏运动场景的经验和专业知识的积累，他们在比赛中对情境的理解和对手动作的预测能力往往较弱。这种不足使得他们在比赛中容易受到无关

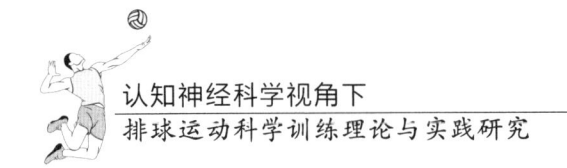

视觉信息的干扰，影响整体表现，从而与专家组或高水平组产生明显实验数据差异。以下是对新手运动员的知觉预测能力不足这一现象的详细分析。

（1）缺乏运动场景经验：新手运动员通常缺乏在真实比赛环境中积累的经验。在训练中，他们可能更多地接触到基本技术和战术，而缺乏对复杂比赛情境的深入理解。这种缺乏经验使得他们在面对快速变化的比赛环境时，难以迅速做出反应。

（2）专业知识的欠缺：新手运动员对排球运动的专业知识相对匮乏，包括对发球、扣球和防守等技术动作的理解。他们可能不熟悉对手的战术意图和动作模式，导致在比赛中难以准确预测对手的行为。这种知识的不足使得他们在比赛中容易迷失方向，无法有效应对对手的攻击。

（3）知觉预测能力的局限：由于缺乏足够的经验和知识，新手运动员在知觉预测能力上存在显著局限。他们可能无法快速识别出关键的视觉线索，如对手的身体姿态、发球者的手部动作等。这种能力的不足直接影响了他们对比赛情境的判断和反应速度。

（4）易受无关视觉信息干扰：在比赛中，新手运动员往往会受到场上无关视觉信息的干扰。例如，他们可能会被场地上的其他运动员、观众的反应或球的轨迹之外的因素所分散注意力。这种干扰使得他们在关键时刻无法集中注意力于最重要的信息，从而影响了他们的决策和反应。

（5）反应速度与准确性的下降：由于知觉预测能力不足，新手运动员在反应速度和准确性上通常较低。在面对对手的攻击时，他们可能会出现犹豫，无法迅速判断出最佳的接球或拦网位置。这种反应的迟缓不仅影响了他们的个人表现，也可能对整个团队的战术执行造成负面影响。

（6）心理因素的影响：新手运动员在比赛中常常面临较大的心理压力，这种压力可能进一步影响他们的知觉预测能力。在紧张的比赛环境中，他们可能会过度关注无关信息，导致注意力分散和决策失误。

第七章
眼脑交互视角下排球运动员对拦网的认知加工特征研究

拦网是排球比赛的技战术中防守的第一道防线，是防守反击的重要环节。随着排球技战术的发展，拦网的组织与技战术在比赛中的重要作用越来越突出。拦网是排球运动中前排3名队员在球网上方阻挡对方进攻的一种技战术，是一种具有积极的、强烈攻击性的防守手段。拦网不仅指拦回对方的进攻或拦起对方进攻球以利于防守反击，更主要的是力争拦死对方进攻球直接得分。成功的拦网还可以给双方队员带来截然不同的心理影响，因此拦网水平直接影响比赛胜负。为了减轻防守队员的压力、提升防守反击的有效性，排球的日常训练和比赛中发展出了人盯人拦网、区域拦网、换人拦网和换位拦网，其中区域拦网在比赛中应用最为广泛。随着世界排球技术的创新与发展，个人技战术水平的提升，拦网技战术的多样化给对方进攻得分造成了一定困难。

拦网是防守的第一道防线，也是排球运动的基本技术之

第七章
眼脑交互视角下排球运动员对拦网的认知加工特征研究

一，是抑制对方强攻、快攻的有效手段，更是得分的重要进攻性技术。目前，拦网技战术从传统的"盖、捂、包"式拦网发展到密集、分散、重叠、换位、空中移位及二次起跳拦网等形式。成功的拦网能削弱对方进攻锐气，减轻本方后排防守的压力，也能为组织反攻创造有利的条件，同时给对方攻手造成心理威胁，是比赛中是得分和获取发球权的重要手段之一。随着排球比赛规则的更新和技战术水平的提高，网上争夺日趋激烈。现代排球比赛的特点是进攻战术灵活多变、扣球点高、球速快、攻防节奏快，若比赛中未能形成有效拦网，后排队员的防守难度将显著增加。因此，作为防守的第一道防线和得分手段的拦网，在比赛中的作用日益突出——拦网成功率越高，越能有效抑制对方的进攻，获胜概率也随之提升。

现今排球比赛的网上争夺已成为决定胜负的关键，拦网和扣球是两大核心因素。良好的拦网技术和有效的配合，能对扣球者形成心理威慑，削弱对方进攻的锐气和信心，鼓舞本队士气，是直接得分的重要手段，拦网的技术水平直接反映一支队伍网上争夺能力。当今世界排球运动朝着大型化、立体化、全面化方向发展，运动员的身高和弹跳力普遍提升，加之进攻战术的立体化，高快相结合的发展趋势对拦网水平提出更高要求。从现代排球运动发展及比赛实践看，要想将

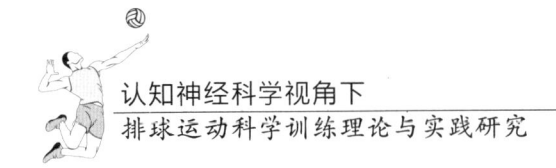

与对手抗衡的能力转化为胜势，必须具备强大的网上争夺实力，而拦网正是网上争夺的核心环节。因此，区域拦网、人盯人拦网、换位拦网及换人拦网等多样化拦网形式应运而生。

为了更好地开展研究，可以借助眼脑交互科研方法，以分析不同排球运动员在拦网时的反应及特征。眼脑交互是指眼睛与大脑之间的信息传递和处理过程。在运动领域，眼脑交互对于运动员的信息获取、处理和反应至关重要。专家运动员在视觉搜索过程中采用更少的注视次数，这表明他们能够更快地提取关键信息。元分析结果显示，专家运动员的注视次数显著少于非专家运动员，这可能与其长期训练形成的知觉认知优势有关。这些优势可以有效引导运动员聚焦运动场景中的关键信息区域，实现更高效的注意力分配。例如，在动态比赛视频中，专家运动员对关键兴趣区（如对方击球手臂、球的轨迹、我方队友位置）的注视时间更长，注视点数更多，而对非关键兴趣区和无关区的注视时间较短，注视点数较少，体现出更高效的信息加工策略。在决策制定方面，专家运动员也表现出优势。如在心理旋转任务中，专家组的正确率显著高于新手组，反应时更短，说明专家运动员决策速度和准确性更优。尽管研究发现专家运动员在注视时间上与非专家运动员无显著差异，但理论认为，注视持续时间反映信息加工的深度，注视时间越长，信息加工程度越深。专家运动员可能在更短时间内捕捉到有效线索，首个注视点即集中关键信息区域，凸显专家运动员的视觉搜索优势。此外，专家运动员的视觉搜索特征可能受到运动项目、试验材料（如静态图片和动态视频）和研究工具（如固定式眼动仪与便携式眼动仪）影响。例如，以图片为材料的研究中，专家运动员的注视次数显著少于非专家运动员。

综上，专家运动员在视觉搜索、注意力分配和决策制定等方面优于新手运动员。眼动追踪技术也揭示了专家运动员在视觉搜索过程中更加高效和集中的注视模式。

前文阐述了研究工具（固定式眼动仪、便携式眼动仪），何谓眼动？眼动是认知加工的直接反映，在认知科学中，眼动参数是评估个体认知负荷的关键行为指标，能够揭示人们在信息处理过程中的心理活动和认知投入。认知负荷指个体在信息处理时所占用的心智资源，其分配效率直接影响任务表现。因此，在教育、用户界面设计、职业压力评估等多个领域，准确测量认知负荷具有重要意义。

眼动参数主要包括以下几个方面。

1. 眼跳幅度

眼跳幅度指视线从一个注视点移动到另一个注视点的跨

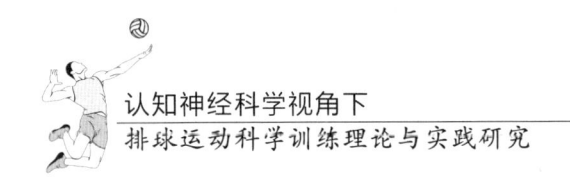

度。面对高认知负荷任务时,个体往往需要通过更频繁的眼跳来捕捉信息。研究显示,专业运动员在视觉搜索时的眼跳幅度相对较短,反映出其提取关键信息的高效性和有针对性。

2. 注视时间

注视时间指眼睛在注视点上的停留时长。在处理复杂信息时,人们往往需要更长的时间来消化每个注视点的内容。例如,阅读中读者遇到难词时会出现更多回视和更长注视时间,这些都是认知负荷较高的表现。

3. 瞳孔直径

瞳孔的大小变化是认知负荷的生理指标。通常,认知负荷增加时瞳孔扩张,与大脑活动水平提升相关。可作为复杂任务中认知负荷水平的直观指标。

认知负荷理论由John Sweller提出,基于工作记忆的概念,认为工作记忆作为一种短期记忆系统,其容量有限且易受时间影响。任务如果过于复杂,会超出工作记忆的容量,影响其他任务表现。眼动数据的收集与分析为认知负荷的测量提供了客观量化手段。其非侵入性特点使其广泛应用于教学策略的优化、用户界面的设计改进、以及高压工作环境的监测等领域。研究者通过眼动数据来评估认知负荷,开发了消除

第七章
眼脑交互视角下排球运动员对拦网的认知加工特征研究

个体差异特征的分析方法,并结合模式识别技术来量化认知负荷水平。因此,眼跳幅度、注视时间和瞳孔直径等眼动参数与认知负荷密切相关。在运动领域,眼动参数被用于评估运动员的信息处理效率和认知策略。研究表明,专家运动员在运动任务中表现出更低的眼动参数,可能与其更高效的认知加工策略有关。

眼脑交互视角下排球运动员拦网的认知加工特征是一个涉及运动心理学、认知科学和神经科学的交叉研究领域。在这一领域中,研究者利用眼动追踪技术和功能性近红外光谱成像(fNIRS)技术,探究排球运动员在拦网过程中的视觉搜索模式、认知决策过程及大脑神经机制的激活特征。排球运动对运动员视觉-运动协调能力要求极高,在排球比赛中,拦网作为防守转换为进攻的关键环节,运动员需在极短的时间内对对方攻击进行准确预判和快速反应。因此,研究排球运动员在拦网过程中的认知加工特征对于提高运动员的训练效率和竞技表现具有重要意义。

(1)拦网过程中的认知加工:在排球比赛中,拦网不仅是一种防守技术,更是转换比赛节奏、创造反击机会的关键环节。这一过程中,运动员需要在极短的时间内处理和整合来自多个源头的信息,如对手的扣球动作、球的飞行轨迹以

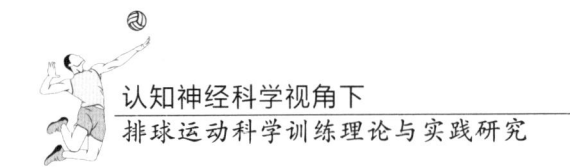

及队友的位置和动作。这些信息的处理对于运动员进行准确的空间定位和时间判断至关重要。拦网过程中的信息处理涉及感知、认知和运动控制等多个层面。运动员首先需要通过视觉感知对手的扣球动作，包括对手的跳跃高度、手臂角度、以及球的初始速度和旋转。这些视觉信息必须迅速被大脑处理，以预测球的飞行轨迹和落点。同时，运动员还需要对队友的动作进行感知，以便进行有效的空间分配和协调动作。这种情境感知能力要求运动员瞬间识别队友的意图和动作，从而做出相应的调整，确保拦网动作的协同性和有效性。

（2）空间定位：是指运动员确定球的空间位置以及自身与球、网、队友之间相对位置的能力。在拦网过程中，运动员需要准确判断球的落点，以便在合适的时间和位置进行拦网。这要求运动员具备出色的空间感知能力和快速的决策能力。专家级运动员通常展现出更高效的空间定位能力。他们的大脑能够迅速地将视觉信息与以往的经验相结合，预测球的落点，并快速调整自己的位置。这种能力是通过长期的训练和比赛经验积累而成的。

（3）时间判断：这在拦网过程中同样至关重要。运动员需要准确判断最佳的起跳时间和接触球的时机，以确保拦网动作的成功率。这不仅要求运动员对球的飞行速度有准确的感知，还需要对自己的身体动作有精细的控制。专家级运动员在时间判断上表现出更高的精确性。他们能够根据对手的动作和球的飞行状态，快速计算出最佳的起跳时间和接触球的时机。这种能力使得他们能够在拦网时更有效地控制球的轨迹，从而提高拦网的成功率。

（4）训练：训练在提高运动员信息处理能力方面起着关键作用。通过模拟比赛情境的训练，运动员可以提高对对手动作的识别速度和准确性，增强空间定位和时间判断的能力。此外，认知训练和反应训练也有助于提高运动员的信息处理速度和决策质量。因此，在拦网过程中，运动员需要快速处理来自对手、球和队友的信息，进行准确的空间定位和时间判断。fNIRS 技术的应用揭示了运动员在拦网过程中大脑特定区域的激活模式。这些研究为理解运动员在拦网过程中的认知加工机制提供了重要的神经生理学证据，对于提高运动员的训练效率和竞技表现具有重要意义。

（5）知觉预测：是指利用不完整信息或先行信息预测未知事件的信息加工过程。在排球比赛中，运动员需要快速捕捉有效信息，进行准确预判，进而做出相应的动作反应。研究表明，专家运动员在知觉预测过程中表现出专项认知优势，其视觉搜索模式更为精简、明确。眼动技术为探索不同水平

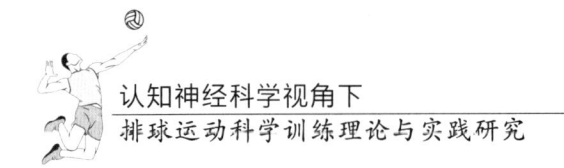

运动员视觉注意能力，观察和分析其注视、认知以及行为表现提供了新的途径。专家运动员经过长期的专业训练，在动作加工信息的方法和策略方面具有优势，对运动情境早期有效信息的加工能力更强。例如，在预判接发球落点过程中，专家排球运动员不仅能够捕捉到双方球员、球等显性信息，还能够注意到防守队员、场上空当等隐性信息，呈现出更高效的目标任务导向的控制策略。

功能性近红外光谱成像（fNIRS）技术作为一种非侵入性的大脑认知过程测量方法，通过特定波长的红外光监测毛细血管中的氧合血红蛋白和脱氧血红蛋白的血流动力学变化，从而反映大脑区域神经皮层的活动变化。研究表明，专家组排球运动员在知觉预测过程中的大脑神经机制激活特征与新手组存在显著差异，专家组在右侧背外侧前额叶、右侧额极区和左侧腹外侧前额叶表现出较低的激活水平，这可能与视觉信息捕捉与前额叶加工和处理的耦合性有关。专家组排球运动员在知觉预测过程中表现出认知加工自动化的特征。这表现在他们的正确率与瞳孔直径和眼跳幅度均呈显著负相关，且与大脑特定区域激活水平呈显著负相关。这表明专家运动员在知觉预测任务中能够更快速且有效地进行信息处理，表现出认知加工自动化的特征。

第七章
眼脑交互视角下排球运动员对拦网的认知加工特征研究

在知觉预测的专长优势上，本研究结果表明，专家组排球运动员在知觉预测过程中表现出专项认知优势。这可能与他们长期的专业训练和丰富的比赛经验有关。专家运动员能够迅速捕捉关键信息，进行准确预判，进而做出相应的动作反应。

排球运动中的拦网是攻防转换的关键环节，它要求运动员能够快速准确地预测对方攻击的轨迹和落点，以便进行有效的拦网。

实验截取的拦网视频分为两种情况。

（1）进攻方接防守方发球后组织进攻，防守方组织拦网：此种情境下，以防守方发球运动员手出球时的一帧为起点，以进攻方二传手触球时的一帧为止点截取视频。

（2）进攻方接防守方扣球后组织反攻，防守方组织拦网：此种情境下，以防守方扣球运动员手出球时的一帧为起点，以进攻方二传手触球时的一帧为止点截取视频，所有视频时长在 2~3 秒之间。

拦网实验流程见图 7-1；屏幕首先会出现 1 000 ms 的红色"+"注视区域，然后呈现拦网视频片段，视频的顺序已经被随机打乱。发球运动员以手出球时的一帧为起点，以二传手触球时的一帧为止点截取视频。要求被试在拦网视频片段

图 7-1 拦网实验流程图

播放定格后 2 000 ms 内迅速做出选择，并根据键盘上对应的按键做出反应，判断拦左（1 号区域）、拦中（2 号区域）、还是拦右（3 号区域）。

通过实验数据表明，专家级排球运动员和新手在拦网知觉预测能力上存在显著差异，在知觉预测的空间特征上，专家组排球运动员在知觉预测过程中的视觉搜索模式更为精简、明确，这表明他们在信息处理效率和认知策略方面具有优势。专家组的眼跳幅度和大脑特定区域的激活水平显著低于新手组，这可能与他们更高效的认知加工策略有关（图 7-2）。

在知觉预测的内容特征上，瞳孔直径可以反映个体在认知任务中的心理努力程度。本研究结果表明，专家组在知觉预测过程中的瞳孔直径变化和大脑前额叶皮层激活显著低于新手组。这表明专家组在知觉预测任务中表现出认知加工

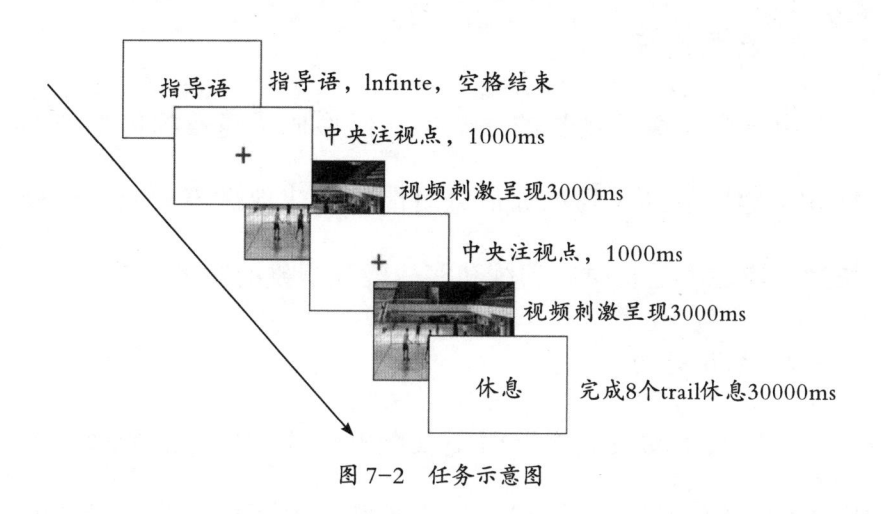

第七章
眼脑交互视角下排球运动员对拦网的认知加工特征研究

图 7-2 任务示意图

自动化的特征。同时，产生这些差异的原因大致在以下几个方面。

1. 经验与知识

专家级运动员通过长期的训练和比赛积累了丰富的经验，他们对排球运动的规律、对手的动作习惯以及球场上的战术变化有深刻的理解和认识。这种专业知识使他们能够更快地识别和预测对方的攻击意图。

2. 视觉搜索与注意力分配

专家级运动员在拦网时能够更有效地进行视觉搜索，他们能够迅速识别关键信息（如攻击者的身体姿态、球的飞行轨迹等），并据此做出快速反应。相比之下，新手可能在视觉搜索上缺乏针对性，无法快速聚焦关键信息。

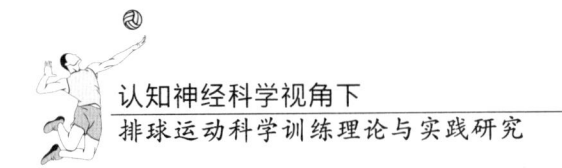

3. 反应速度

由于专家级运动员的大脑中已经形成了高效的信息处理模式，他们在接收到视觉信息后能够更快地做出反应。这种快速反应能力是长时间训练和实战经验积累的结果。

4. 决策能力

专家级运动员在拦网时不仅能够快速反应，还能做出更准确的决策。他们能够根据场上形势和对手的动作，迅速判断出最佳的拦网位置和时机。

5. 神经机制

从神经科学的角度来看，专家级运动员的大脑在处理运动相关信息时表现出更高的效率。功能性近红外光谱成像技术（fNIRS）和事件相关电位（ERP）等研究表明，专家级运动员在进行知觉预测时，其大脑的激活模式与新手存在显著差异，这可能与他们更高效的信息处理和决策机制有关。

6. 心理调节能力

专家级运动员在高压的比赛环境下能够更好地调节自己的心理状态，保持冷静和专注，这对于准确的知觉预测至关重要。

专家级排球运动员在拦网知觉预测能力上的优势主要来自他们丰富的经验、高效的信息处理能力、快速的反应速度、准确的决策能力以及良好的心理调节能力。这些能力是通过长期的训练和比赛实践逐渐培养和提高的。

本研究表明，专家组排球运动员在拦网过程中的知觉预测能力优于新手运动员，这与他们独特的眼-脑加工特征密切相关。专家运动员的视觉搜索模式更为精简、明确，且在大脑特定区域表现出较低的激活水平，这可能与视觉信息捕捉与前额叶加工和处理的耦合性有关。这些发现为排球运动员的训练和比赛策略提供了科学依据。

未来的研究可以进一步探讨通过训练和优化大脑相关脑区加工模式来提高运动员知觉预测和决策能力的方法。此外，可以考虑利用虚拟现实设备或在真实的运动场景中进行实验和采集数据，以进一步提高实验的生态效度。同时，结合ERP技术从时间特征方面进行补充，将为理解运动员在拦网过程中的认知加工机制提供更全面的视角。

第八章
排球运动技战术科学化训练研究

排球运动是一项需要高度爆发力的运动,同时对快速移动、跳跃及无氧耐力的需求较高。排球运动员的专业能力主要由肌力、反应时间、爆发力、动作速度和特殊动作协调性等因素构成。在排球运动员的专项技术中,攻击手所展现的运动能力特点包括速度、敏捷性、协调性、跳跃能力、反应能力等。在当今激烈的国际排球比赛中,强攻仍是进攻的主流,也是球队进攻得分的首要条件。世界顶尖的球队无不拥有多名优秀的攻击手,这是一流男子球队赢球不可或缺的关键因素。决定一名优秀排球攻击选手的关键因素,除具备身高条件外,还包括绝佳的跳跃能力、上下肢肌力,以及敏捷性与快速改变击球方向的能力。若不具备上述优异的运动能力,将难以提升个人或团队的表现。因为在排球比赛场上,攻击手需要频繁地弹跳和多次步伐转换移动。尤其在激烈的比赛中,长时间的连续攻守交换、场地内不定点的环绕奔跑、往返场内外救球等动作,以及对球场上瞬间发生情况的实时

第八章
排球运动技战术科学化训练研究

回应，都需要快速、敏捷的反应能力。现代排球运动在各个位置上有明确的分工，攻击手在训练及比赛过程中，重点在于提升攻击力量和角度、拦网技巧、发球威力与破坏性。随着规则的修订，加入了专司防守的自由人，这在一定程度上减轻了攻击手在后排防守的范围与压力，但同时也可能影响了攻击手在防守技巧中的基本功与重要性。

排球运动是一项多人协作的团队运动，而团队运动最重视的就是选手之间的相互配合，仅凭选手在球场上的表现统计数据或球队的胜负情况，并不足以全面代表选手个人的球技或对其进行准确评价。因此，如何科学地进行排球运动员的技战术训练，是目前亟待研究的重点。

低容量运动员战术决策反应时较高的原因在于其采用"系列化"视觉搜索策略，能够对关键信息进行有效预判。在篮球运动员空间工作记忆容量的测量中，以不规则图形的图片为试验材料，预判任务情景为篮球中的"三威胁"持球动作，结果表明空间工作记忆容量高的篮球运动员预判正确率较高，然而，另一项实验表明视觉空间工作记忆负载对篮球运动员决策并无明显影响。在羽毛球运动中，实验研究表明高容量视觉空间记忆组的决策反应时反而更快。在定向运动中，高容量组运动员的加工速度和加工效率通常优于低容量组运动

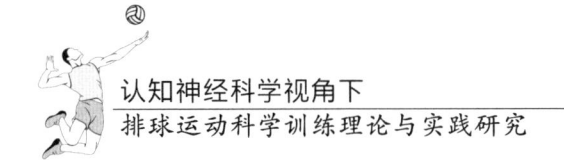

员，并且高、低容量视觉空间工作记忆在眼跳距离、眼跳潜伏期两项指标上均呈现显著差异。研究认为，运动员的动作识别能力与长期训练形成的一种更为有效的视觉搜索策略有关，运动员的整体扫描视觉搜索策略明显优于非运动员的局部扫描搜索策略，具体表现为运动员在进行动作识别时具有注视时间短、准确性高、视觉搜索效率高的优势特点。

研究表明，专家运动员经过长期系统的训练，获得了较好的知觉预测能力，个体受益于视觉和前额叶区域之间的快速耦合，能够根据观察到的动作线索预测并选择适当运动反应，其能力显著增强。与长期专项练习相关的脑区性能也得到了提升。在完成运动动作时，专家运动员表现出更快、更流畅的动作执行，同时瞳孔变化幅度相对较低，显示出前额叶激活显著较低的趋势。由此可知，当大脑准备对信息进行加工时，眼睛所捕获的信息与大脑所处理的信息表现出一定程度的耦合。这进一步证实了专家与新手在信息处理方面的差异，以及长期训练对大脑功能、视觉搜索模式及行为表现的影响。

一、技术训练的科学化

排球技术是组织与运用战术的基础，没有优质的技术，就不可能实现完美的战术。技术训练不仅是新手必须掌握的基础，也是老将不断提升的关键。技术训练的目标是确保动作的正确性、全面性、熟练性，并在此基础上形成个人特点，融合战术，扬长补短。

技术训练的科学化包括对技术动作的精确分析、训练方法的创新和训练手段的有效运用。例如，可以通过视频分析技术来详细分析运动员的技术动作，找出需要改进的地方，并针对性地进行训练。此外，可以运用模拟比赛环境的训练手段，提高运动员的技术运用能力，这包括以下几点。

（1）技术分析：通过视频分析技术来详细分析运动员的技术动作，找出需要改进的地方，并针对性地进行训练。

（2）技术训练方法：运用诱导性训练法、分解性训练法、串联性训练法、综合性训练法等，以提高运动员的技术运用能力。

（3）技术训练的创新：不断探索新的训练方法，如模拟比赛环境的训练手段，提高运动员的技术应对能力。

二、体能训练的科学化

（一）排球体能训练的重要性

排球运动的发展趋势是更高、更快、更强、更全面。要

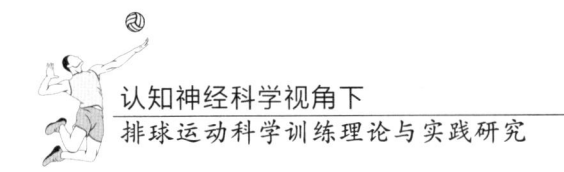

想在激烈的比赛中脱颖而出，队伍必须长期不断地进行科学化、合理化且有针对性的训练。体能训练在其中扮演着至关重要的角色。

随着科学技术的不断进步，排球体能训练的科学化发展趋势日益明显。现代排球训练中，教练员和运动员越来越重视利用科技手段来提升训练效果，包括数据分析、视频分析、生物力学评估、心理评估等。

（1）数据分析在体能训练中的应用：数据分析在排球体能训练中的应用越来越广泛。通过收集运动员在训练中的各种生理和生化数据，教练员可以更准确地评估运动员的体能状况，制定个性化的训练计划，并实时调整训练强度和内容。

（2）视频分析在技术改进中的作用：视频分析技术可以帮助运动员和教练员详细分析技术动作，发现问题并及时进行纠正。在体能训练中，视频分析也可以用来评估运动员的动作效率，如跳跃、移动和击球等，从而提高训练的针对性。

（3）生物力学评估在预防伤病中的重要性：生物力学评估可以帮助教练员了解运动员在进行特定动作时身体的受力情况，从而设计出更合理的训练方法，减少不必要的损伤风险。

（4）心理评估在提高竞技状态中的作用：心理评估可以帮助教练员了解运动员的心理状态，包括压力、焦虑、自信心等，这对于提高运动员的竞技状态和应对比赛中的挑战至关重要。

通过分析成功的排球体能训练案例，可以为其他队伍和运动员提供宝贵的经验和启示。成功的排球体能训练案例通常包括以下几个方面。

（1）个性化训练计划的制定：成功的体能训练案例中，教练员通常会根据运动员的个人特点和需求制定个性化的训练计划，确保训练内容和负荷符合运动员的实际情况。

（2）跨学科团队的合作：跨学科团队的合作在成功的体能训练中起到了关键作用。教练员、体能训练师、营养师、心理医生等专业人员的紧密合作，为运动员提供了全方位的支持。

（3）科技手段的运用：成功的案例中，科技手段的运用显著提高了训练的效率和效果。数据分析、视频分析、生物力学评估等科技手段的应用，帮助教练员和运动员更好地了解训练效果，及时调整训练计划。

（二）体能训练的科学化

体能训练是排球运动员技战术能力提升的重要支撑。体能训练的科学化涉及力量、速度、耐力、灵敏和柔韧等方面的训练。体能训练需要根据运动员的个人特点和比赛需求进行个性化设计，同时要考虑到训练的周期性和持续性。例如，

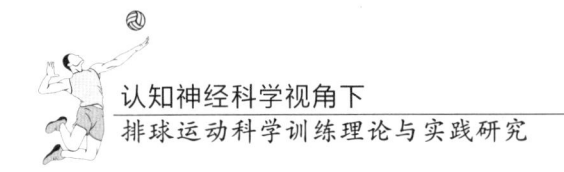

可以采用周期化训练方法，将训练分为准备期、竞赛期和恢复期，以适应不同阶段的比赛需求。

体能训练是排球运动员技战术能力提升的重要支撑。根据中国排协官网的资料，体能训练应包括力量、速度、耐力、灵敏和柔韧等方面的训练。这可以通过以下方式实现。

（1）力量训练：通过杠铃、哑铃等工具进行最大力量、快速力量和力量耐力的训练。

（2）速度训练：通过短跑、变速跑等手段提高运动员的移动速度和反应速度。

（3）耐力训练：通过有氧和无氧训练提高运动员的心肺功能和肌肉耐力。

可穿戴设备和数据分析软件在体能训练中的应用，使教练能够实时监测运动员的心率、消耗的卡路里和其他重要的生理指标。这种实时监测帮助教练员确保运动员在训练中达到最佳的体能状态，同时避免了过度训练和相关的伤病风险。

随着科技的不断进步，未来排球训练将更加依赖于科技创新，以提升运动员的整体表现。这些技术的应用不仅提高了训练的效率和效果，还为运动员提供了更多的个性化训练方案，使他们能够更好地发挥自己的潜力。

（三）未来发展趋势

排球体能训练的未来发展趋势将更加注重科学化、个性化和数据化。随着科技的不断进步，更多的高科技手段将被应用于排球体能训练中，包括人工智能、可穿戴设备、虚拟现实等。

1. 人工智能在体能训练中的应用

人工智能技术可以帮助教练员和运动员更准确地分析训练数据，预测训练效果，制定更有效的训练计划。

2. 可穿戴设备在监测运动员状态中的作用

可穿戴设备可以实时监测运动员的生理状态，包括心率、血压、疲劳程度等，为教练员提供实时反馈，帮助他们及时调整训练强度和内容。

3. 虚拟现实在模拟训练中的应用

虚拟现实技术可以为运动员提供模拟比赛环境的训练，帮助他们在安全的环境中尝试新的技术和战术，提高训练的效果和安全性。

排球体能训练的科学化是提高运动员竞技水平的关键。通过全面、系统、科学的体能训练，可以帮助运动员提高力量、速度、耐力、灵敏和柔韧等身体素质，为取得优异成绩

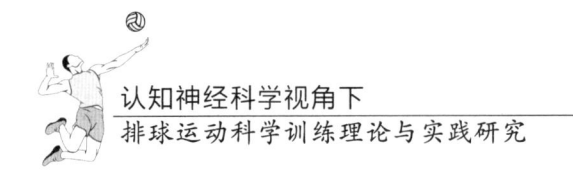

奠定坚实基础。未来的研究和实践应继续探索新的训练方法和技术，以进一步提升排球运动的科学化训练水平。同时，教练员和运动员应不断学习，掌握各方面知识，完善自我，汲取世界先进排球体能训练的技术和经验，以追求最佳过程、最佳效果、最佳阵容，以及最新思路和最新理念。

三、心理训练的科学化

（一）排球心理训练的重要性

排球运动员在场上不仅要面对激烈的身体对抗，还要应对复杂多变的心理挑战。心理训练对于提高运动员的竞技水平、防止伤病、延长运动寿命以及培养良好的心理素质和意志品质至关重要。心理训练可以帮助运动员提高比赛中的心理素质，使他们能够更好地应对比赛中的各种挑战，发挥出最佳水平。通过加强心理训练，运动员可以更好地管理压力和焦虑，减少因心理因素导致的伤病，从而延长运动生涯。此外，心理训练可以帮助运动员培养坚韧不拔的意志品质，提高他们面对困难和挑战时的应对能力。

（二）排球心理训练的特点

排球心理训练应突出个体化、能力持续性以及科学化、系统化和合理化。

（1）个体化训练：根据运动员的个性特点和心理需求，制定个性化的心理训练计划。

（2）能力持续性：心理训练应注重运动员在长时间训练和比赛中的心理耐力和稳定性。

（3）科学化、系统化和合理化：心理训练应基于科学的心理学原理，系统地进行，同时考虑到运动员的个人差异和训练阶段。

（三）排球心理训练的方法

排球心理训练包括多种方法，如心理暗示、情境模拟、目标设定、压力管理等。

（1）心理暗示训练法：通过正面的自我暗示和鼓励，提高运动员的自信心和动力。

（2）情境心理训练法：模拟比赛环境和情境，让运动员在模拟的比赛中锻炼心理应对能力。

（3）目标设定：帮助运动员设定具体、可衡量的目标，以提高他们的动力和专注度。

（4）压力管理：教授运动员如何识别和管理压力，以保持良好的比赛状态。

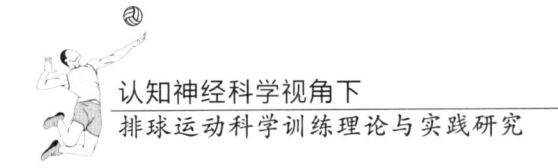

（四）排球心理训练的原则

排球心理训练应遵循以下原则。

（1）全面性原则：心理训练应涵盖运动员的所有心理需求，包括注意力、动机、情绪控制等。

（2）系统性原则：心理训练应与其他训练（如技术训练、体能训练）相结合，形成一个完整的训练体系。

（3）科学性原则：心理训练应基于心理学的理论和研究，采用科学的方法和技巧。

（五）排球心理训练的注意事项

在进行排球心理训练时，需要注意以下几点。

（1）合理安排训练负荷：心理训练的强度和难度应根据运动员的实际情况进行调整，避免过度负荷。

（2）注重恢复与营养补充：心理训练过程中，运动员的心理状态可能会受到影响，因此需要适当的恢复时间和营养补充。

（3）加强心理监测和评估：定期对运动员的心理状态进行监测和评估，以便及时调整训练计划。

（六）排球心理训练的实践应用

在实践中，心理训练应与排球训练紧密结合，通过实际比赛和训练来提高运动员的心理能力。

（1）制定个性化的训练计划：根据运动员的心理特点和需求，制定个性化的心理训练计划。

（2）加强训练过程的监控与评估：通过心理测试和观察，对运动员的训练过程进行全面监控和评估。

（3）注重训练后的恢复与再生：在训练后提供适当的心理恢复和放松活动，帮助运动员恢复到最佳心理状态。

（七）排球心理训练结论

排球心理训练的科学化对于提升运动员的竞技表现和心理素质至关重要。通过全面、系统、科学的心理训练，可以帮助运动员提高比赛中的心理素质，更好地应对比赛中的各种挑战。未来的研究和实践应继续探索新的心理训练方法和技术，以进一步提升排球运动的科学化训练水平。

四、科技在训练中的应用

科技的应用为排球训练带来了革命性的变化。数据分析可以帮助教练员和运动员更好地了解自己的优势和劣势，制定更有效的训练计划和战术策略。可穿戴技术可以实时监测运动员的生理状态和运动表现，为训练提供科学依据。虚

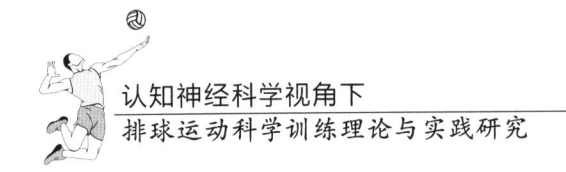

拟现实技术可以模拟真实的比赛场景，提高运动员的反应速度、技术水平和团队协作能力。科技在排球训练中的应用确实为这项运动带来了革命性的变化。以下是科技在排球训练中的一些关键应用，以及它们如何提高训练效率和效果的详细分析。

1. 数据分析和虚拟教练系统

（1）应用：通过人工智能（AI）和大数据技术，教练可以实时收集运动员在训练中的各种数据，包括速度、力量、耐力、技巧等。这些数据可以用来分析运动员的表现，识别他们的强项和弱点，并据此制定个性化的训练计划。

（2）效果：这种系统化的方法确保了训练的针对性和效率，使运动员能够更快地提高自己的技能。同时，它还帮助教练员做出更科学的决策，优化训练计划。

2. 视频分析技术

（1）应用：视频分析技术允许教练员记录和分析运动员的动作细节。通过慢动作回放和多角度观察，教练可以精确地指出运动员技术动作中的问题，并提供改进建议。

（2）效果：这种技术提高了训练的精确性，使运动员能够清晰地看到自己的进步和需要改进的地方。它还有助于加快技术学习和技能提升的过程。

3. 物联网和无线网络技术

（1）应用：物联网（IoT）设备，如传感器和可穿戴设备，可以追踪运动员的位置、速度和加速度。这些数据通过无线网络实时传输，使教练能够实时监控运动员的表现。

（2）效果：这种技术提供了丰富的数据，有助于教练员更准确地评估运动员的表现，并根据这些数据调整训练计划。它还增强了训练的互动性和趣味性。

4. 高科技设备在比赛中的应用

（1）应用：鹰眼系统、Data Volley 和 Data Video 等高科技设备在比赛中的应用，为裁判提供了精确的球轨迹和运动员位置信息，确保了比赛的公平性。

（2）效果：这些设备提高了比赛的透明度和公正性，同时也为教练员提供了宝贵的比赛数据，有助于他们分析比赛策略和对手的战术。

5. 线上培训和公开课

（1）应用：线上培训和公开课为排球教练员和运动员提供了一个灵活的学习平台。通过网络，他们可以随时随地访问培训材料，参与讨论和交流。

（2）效果：这种模式打破了地理限制，使更多的教练员

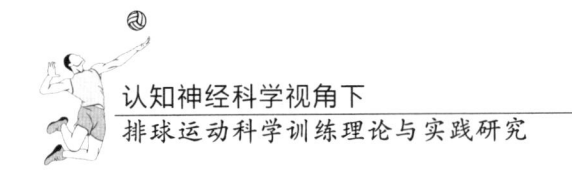

和运动员能够接受高质量的培训。它还促进了知识的共享和最佳实践的传播。

6. 科技服务项目

（1）应用：科技服务项目，如技战术诊断、体能训练、伤病防治和心理疏导等，为国家队提供了全面的技术支持。

（2）效果：这些项目通过科学研究和技术创新，为运动员提供了全面的服务，帮助他们提高竞技水平，同时减少了伤病的风险。

五、营养和恢复的科学化

营养和恢复是排球运动员保持最佳状态的关键。运动员的营养需求要根据训练强度、比赛需求和个人特点进行个性化设计。科学的饮食习惯可以帮助运动员保持良好的能量水平和身体状态。恢复策略包括适当的休息、拉伸、按摩和心理放松等方法，以帮助运动员尽快从训练和比赛中恢复。排球运动的科学化营养和恢复对于运动员的竞技表现至关重要。以下是对排球运动员营养和恢复科学化的详细探讨。

（一）营养在排球运动中的作用

排球运动员需要良好的体力和体能来支持高强度的训练

和比赛。合理的营养补充不仅可以使运动员体内的营养得到快速补充与恢复，还能保持良好的精神状态和技能水平。

（二）排球运动的供能特点及营养恢复

排球运动是一项间歇式运动，包括短时间高强度的有球活动和低强度的无球活动。因此，排球运动员的营养需求包括碳水化合物、脂肪、蛋白质、维生素和矿物质等，以支持有氧和无氧能量供应。

1. 碳水化合物的补充

碳水化合物是排球运动员的主要能量来源，特别是在高强度活动中。运动前、中、后的糖补充对于维持血糖水平和加速肌糖原恢复至关重要。

2. 脂肪的补充

脂肪酸对于肌肉生长和力量获得至关重要。合理的脂肪摄入可以通过日常饮食实现，如豆油、橄榄油、深海鱼制品等。

3. 蛋白质的补充

蛋白质对于运动员身体机能的恢复及长期训练至关重要。优质蛋白质来源包括鱼、虾、牛奶、鸡蛋、黄豆等。

4. 维生素的补充

维生素对于预防过度训练导致的免疫机能下降有积极作

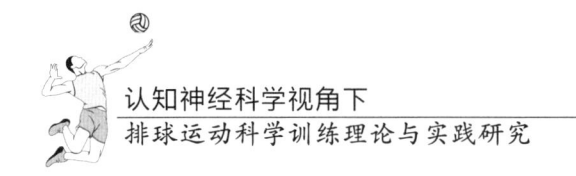

用。运动员应多吃水果和蔬菜，保证营养均衡，以减轻疲劳和加快恢复。

（三）排球运动员的膳食营养需求与补充

排球运动员的膳食营养补充应以糖、蛋白质、水、无机盐、维生素、微量元素等为主，根据运动的不同阶段合理补充相应的能量物质。

（四）科学化的营养补充策略

1. 运动前的营养补充

运动前应摄入足够的碳水化合物以维持能量供应，同时注意液体和能量的适量补充。

2. 运动中的营养补充

运动中应根据出汗量补充液体，以防止脱水，并适量补充能量。

3. 运动后的营养补充

运动后应重点补充营养，以加快机体恢复。这包括快速补充糖原、适量的蛋白质和必要的电解质。

（五）营养在排球运动中的作用

科学化的营养对于排球运动员至关重要。合理的营养补充可以满足运动员在训练和比赛中的身体需求,帮助他们保持良好的体能和技能水平,从而提高竞技表现。未来的研究应继续探索针对排球运动员特定需求的营养补充策略,以进一步优化运动员的恢复和表现。

六、训练计划的制定和执行

训练计划的制定和执行是排球运动科学化训练的重要组成部分。训练计划需要根据运动员的技术水平、体能状况和比赛需求进行个性化设计。训练计划的周期化安排可以帮助运动员在不同阶段达到最佳的训练效果。训练计划的执行和监控需要教练员和运动员的密切配合,以确保训练目标的实现。排球训练计划的制定和执行是提升运动员竞技水平的关键。以下是排球训练计划制定和执行的关键要素。

1. 训练目标设定

训练目标应具体、可衡量,并与运动员的个人能力及队伍战略相匹配。目标可能包括技术提升、体能增强和战术熟练度提高。

2. 训练时间安排

考虑运动员恢复时间和日常责任,合理安排训练时间。通常,每周安排5天训练,每天2小时,分为上午和下午时段,

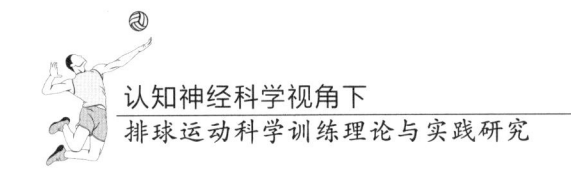

确保技术和体能训练的平衡。

3. 训练内容制定

训练内容应涵盖技术训练、身体素质训练和战术演练。技术训练包括传接球、发球、拦网和扣球等。身体素质训练包括力量、速度、耐力、灵活性和协调性。

4. 个性化训练计划

根据运动员的技术水平、体能状况和心理特点，制定个性化训练计划。

5. 科学化体能训练

体能训练支撑技战术能力提升，包括力量、速度、耐力、灵敏和柔韧训练。

6. 训练执行和监控

教练员和运动员需密切配合执行训练计划，实时监控训练质量和效果，定期评估训练效果，及时调整训练计划。

7. 恢复和营养补充

训练后恢复和营养补充对运动员身体恢复至最佳状态至关重要。保证充足睡眠和适当营养补充。

8. 科技应用

运用现代科技如数据分析、视频分析和可穿戴设备，为训练提供科学依据，提高训练针对性和效率。

9. 心理训练

心理训练帮助运动员培养良好的心理素质，应对比赛中的压力和挑战。

10. 训练计划调整

根据运动员进步、反馈和比赛表现，定期评估和调整训练计划，确保训练计划符合运动员需求和目标。综合考虑和实施这些要素，可制定出科学、有效的排球训练计划，提高运动员的竞技水平和比赛表现。

七、未来发展趋势

随着科技的不断进步，排球运动的科学化训练将面临更多的机遇和挑战。未来的研究可以探索新的训练方法和技术，如人工智能、机器学习和生物力学等，以进一步提升排球运动的科学化训练水平。排球运动的发展趋势正朝着技术多样化、速度加快、高点化、力量加大和滞空化等方向发展。以下是对排球未来发展趋势的详细分析：

1. 技术的多样化

排球技术的发展趋向于多样化，包括垫球、接扣球和拦

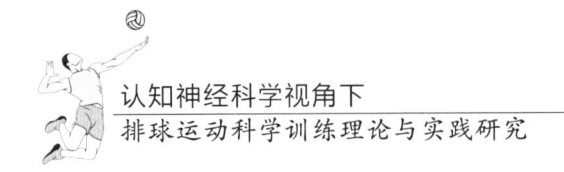

回球等技术的不断创新和整合。例如，现代比赛中出现了多种垫球技术，如双手垫球、前扑垫、侧卧垫等，这些技术的发展提高了排球的观赏性，同时也要求运动员具备更多样化的技术能力。

2. 传球速度的加快

传球技术作为排球进攻的桥梁，其速度的加快对提高比赛节奏和进攻效率至关重要。现代排球运动员能够将传球动作压缩到 0.15 秒内完成，这要求运动员之间形成良好的配合，以及更高的技术水平。

3. 发球高点化

高点发球技术的发展使得发球更具攻击性，能够在比赛中先发制人。男子排球运动员的击球点可提高到 3 米，女子则可达到 2.8 米，这样的发球方式给对手带来更大的防守压力。

4. 扣球力量的加大

扣球作为最直接的进攻手段，其力量的加大有助于球队赢得发球权和创造获胜机会。现代排球运动员的弹跳力和爆发力十分强劲，这使得扣球更具威力。

5. 拦网技术的滞空化

现代排球比赛中，运动员的身材越来越高大，身体素质越来越强,这使得拦网技术的滞空化成为可能。运动员可以利用背肩之力完成拦网动作,从而提高拦网的攻击性和防守性。

6. 动作模式的变化

排球技术的发展加快了动作模式的更新速度,要求运动员能够快速判断并灵活控制排球。这要求运动员具备快速反应和协调配合的能力。

7. 跳发球技术的多样化

跳发球技术正朝向多样化发展,包括组合式跳发、跳发侧旋、跳发下旋等新技术的应用。这些新技术的发展为排球比赛增加了更多的战术变化。

8. 后排扣球技术的发展

后排扣球技术的发展使得进攻节奏更快,为球队提供了更多的得分机会。这种技术的发展要求运动员具备更强的空中感知能力和协调性。

9. 单手拦网技术的应用

单手拦网技术的应用提高了运动员击球的攻击性和防守性,这种技术的发展要求运动员具备更高的技术水平和身体协调性。

10. 新技术的多样化发展

现代排球运动中,新技术的多样化发展为比赛增加了更

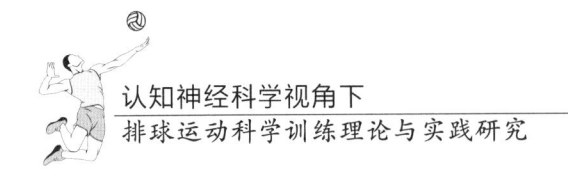

多的战术变化和不可预测性。这要求运动员能够快速适应技术动作的变化，并提高自身的技术水平。

11. 心理训练的重视

随着排球运动的竞技水平不断提高，心理训练在排球训练中的作用越来越受到重视。运动员需要培养良好的心理素质，以应对比赛中的压力和挑战。

12. 科技的应用

现代科技，如数据分析、视频分析、可穿戴设备等，为排球训练提供了科学依据，提高了训练的针对性和效率。

13. 训练方法的创新

排球训练方法的创新，如多球训练法、串联训练法、对抗训练法等，为提高训练的密度、强度和质量提供了新的手段。

14. 赛制的改革

中国排球联赛的赛制改革，如分级与动态升降体系、赛事规模扩大、赛制多样化等，为排球运动的发展注入了新的活力。

15. 排球市场的发展前景

随着排球赛事的商业化水平不断提高，排球市场的发展前景良好。排球赛事转播、品牌赞助等收入显著增加，为运动员和俱乐部带来了更多的经济收益。

综上所述，排球运动的未来发展将更加注重技术的创新、心理训练的重要性、科技的应用以及训练方法的创新。这些发展趋势将有助于提高排球运动的竞技水平和观赏性，推动排球运动的普及和发展。

能够对关键信息进行有效预判是优秀排球运动员必备的能力。在排球运动中，对关键信息进行有效预判是提高比赛表现的关键因素之一。这种预判能力涉及对比赛环境的感知、对对手行为的解读、对球的轨迹和速度的估计，以及对队友位置和动作的快速理解。我们可以通过反复的训练，提高运动员对球场上各种视觉和听觉线索的敏感度。例如，①通过观察对手的准备姿势和动作，预判其可能的发球或击球方式；②分析对手习惯，通过观看比赛录像，分析对手的习惯性动作和偏好，可以帮助运动员在比赛中更快地做出预判；③提高球感，通过大量的触球练习，运动员可以提高对球的控制感，从而更好地预测球的轨迹和落地点；④加强沟通，在团队中，良好的沟通可以帮助运动员更快地了解队友的意图和位置，从而做出更准确的预判；⑤模拟训练，在训练中模拟比赛的真实场景，可以增强运动员的应变能力和预判能力；⑥心理训练，提高运动员的自信心和决策能力，有助于在高压环境下做出快速而准确的预判；⑦技术统计分析，利用技术统计

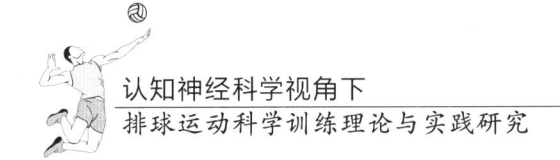

数据，分析球队和运动员的表现，可以帮助教练员和运动员识别关键信息，并据此做出预判；⑧科技辅助，使用视频分析软件和可穿戴设备等科技工具，可以提供更详细的数据支持，帮助运动员提高预判能力；⑨战术演练，通过不断演练不同的战术，运动员可以更好地理解比赛中可能出现的各种情况，从而提高预判能力；⑩反馈和调整，在训练和比赛后，及时反馈和总结预判的准确性，根据实际情况进行调整，不断优化预判策略。

运动员的整体扫描视觉搜索策略明显优于非运动员的局部扫描搜索策略。在体育竞技中，运动员的视觉搜索策略对于快速、准确地获取场上信息至关重要。研究表明，运动员的整体扫描视觉搜索策略明显优于非运动员的局部扫描搜索策略。这种差异主要体现在以下几个方面。

（1）视觉搜索效率：运动员在视觉搜索过程中表现出更高的效率，他们能够更快地识别和处理关键信息。这种效率的提升与运动员长期训练和比赛经验有关，使他们能够迅速关注到场上最重要的信息区域。例如，研究发现专家运动员在观看运动场景时的眼动模式更为简洁经济，注视次数少，视觉搜索效率高，能够在时间压力下迅速检索到关键信息。

（2）注视次数与时间：运动员在视觉搜索中使用的注视

次数较少，而每次注视的时间较长。这表明他们能够更有效地从每个注视中提取信息，而不是通过频繁地注视来获取相同量的信息。这种能力可能与运动员对于特定运动场景的专业知识和经验有关，使他们能够快速识别出关键的视觉线索。

（3）信息加工深度：运动员在视觉搜索中不仅注视次数少，而且在关键信息上的注视时间较长，这表明他们对信息的加工程度更深。这种深度加工有助于运动员做出更准确的决策和反应，从而在比赛中取得优势。

（4）预期能力：运动员的预期能力，即在信息不完整的条件下对外界信息的后续变化做出预测的能力，是他们取得优异运动成绩的关键。高水平运动员的预期能力要优于低水平运动员，这与他们的专项运动知识和经验有关。视觉搜索策略的适应性：运动员能够根据比赛的实际情况灵活运用战术，并与团队成员有效配合。他们的视觉搜索策略更加适应动态变化的比赛环境，而新手运动员通常需要更长的注视时间才能找到有效线索。

（5）运动项目、试验材料和研究工具的调节作用：不同运动项目的专家运动员的视觉搜索特征可能存在差异，试验材料的形式和研究工具的选择也可能对运动员的视觉搜索特征产生影响。

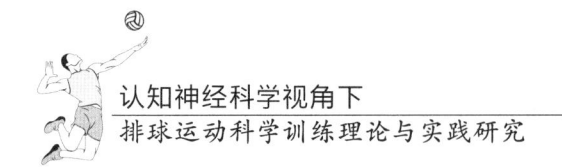

在排球比赛中，自由人的角色是至关重要的，他们专门负责后排防守，是球队防守体系的核心。自由人与其他队员的协调配合不仅能够提高球队的防守效率，还能在进攻端创造更多机会。以下是对自由人与其他队员协调配合的详细分析。

1. 自由人的角色与特点

自由人是排球比赛中的一个特殊角色，他们的主要职责是提高球队的防守能力。自由人在比赛中必须穿着与其他队员显著不同的球衣，以便于裁判和观众辨认。自由人的替换不计入普通球员的替换次数，可以在任何死球的情况下进行，且替换动作必须在下一次发球前完成。

自由人的技术特点主要体现在他们的防守能力上。他们需要具备出色的反应速度、良好的预判能力和卓越的球感。自由人在场上的主要任务是接发球、防守和组织进攻。他们的技术要求包括能够迅速移动到合适的位置、准确判断球的轨迹和力度以及有效地与队友沟通和配合。

2. 协调配合的重要性

协调配合是排球比赛中的关键因素之一。自由人与其他队员的协调配合不仅能够提高防守效率，还能在进攻端创造更多机会。协调配合的目标是确保球队在场上的每个位置都有合适的队员，并且每个队员都能够有效地执行战术。协调配合的基本原则包括沟通、信任和适应性。

3. 培养协调配合的策略

为了培养自由人与其他队员的协调配合，教练可以采取以下策略：

（1）建立共同目标意识：团队成员需要深入理解彼此的能力和特点，包括技术水平、反应速度以及个性特征等。通过建立一个明确的目标，可以激励团队成员共同努力，并明确每个人在团队中的角色和责任。

（2）鼓励沟通合作：团队合作需要良好的沟通和合作能力。排球是一个需要团队成员之间的协调和合作的运动。通过鼓励团队成员之间的互相交流和沟通，可以提高团队整体效果。

（3）协调个人技能与集体需要：每个人都有自己的特长和技能，在团队中的每个人都应该为了整个团队的成功而贡献自己的能力。在排球运动中，一个人的技能可能不足以赢得比赛，但是如果团队成员能够相互补充和支持，就能够弥补个人的不足。

4. 训练方法和练习

训练是提高自由人与其他队员协调配合的关键。教练可以设计一系列的训练方法和练习，包括以下几个方面。

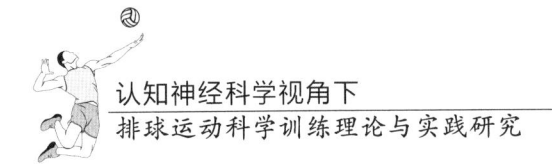

（1）技术训练：技术训练包括提高自由人的接发球、防守和传球技巧。这些训练可以通过反复练习基本动作和模拟比赛场景来进行。例如，可以通过设置不同的发球和进攻方式，让自由人练习接球和快速传球。

（2）战术训练：战术训练涉及球队的整体战术执行，包括防守阵型、转换进攻和对手分析。教练可以设计特定的战术演练，让自由人与其他队员一起练习如何根据比赛情况调整战术。

（3）心理训练：心理训练有助于提高运动员的自信心、意志力和团队合作精神。这可以通过模拟比赛压力、进行心理辅导和团队建设活动来实现。这些训练可以帮助队员提高他们的技能，增强他们之间的默契，并在比赛中更好地执行战术。

5. 比赛中的协调配合

在比赛中，自由人与其他队员的协调配合需要注意以下几点。

（1）实时调整：比赛中的情况瞬息万变，自由人需要根据对手的进攻方式和队友的位置，快速调整自己的防守位置。这要求自由人具备出色的比赛阅读能力和快速反应能力。教练和队员需要根据比赛的实际情况，灵活调整战术和人员安排。

（2）应对不同比赛情况的策略：教练需要根据对手的特点和比赛的发展，制定不同的应对策略。这可能包括改变防守阵型、调整进攻策略或进行人员替换。这需要队员具备高度的适应性和灵活性,以及在比赛中保持清晰的头脑和快速的决策能力。

(3)提高比赛中的适应性和灵活性:自由人和其他队员需要在比赛中展现出高度的适应性和灵活性,以应对不断变化的比赛环境。这需要队员在比赛中保持专注,随时准备调整自己的行动。

6.案例研究

通过分析成功的和失败的协调配合案例,可以学习到许多宝贵的经验教训。这些案例可以帮助教练和队员了解在不同比赛情况下如何更好地协调配合,以及如何避免常见的错误。成功的协调配合案例通常涉及高效的沟通、明确的战术执行和出色的个人技术。这些案例可以作为训练中的参考,帮助队员理解如何在实际比赛中应用这些原则。失败的协调配合案例可以提供关于如何改进协调配合的见解。通过分析这些案例,教练和队员可以识别出问题所在,并制定相应的改进措施。无论是成功还是失败的案例,都可以提供宝贵的学习机会。通过分析这些案例,教练和队员可以更好地理解协调配合的重要性,并在实际比赛中应用这些经验教训。

虽然自由人规定已经推行了接近20年,但自由人的战术战法还有很大的提升空间。参赛人员需要充分利用自由人的

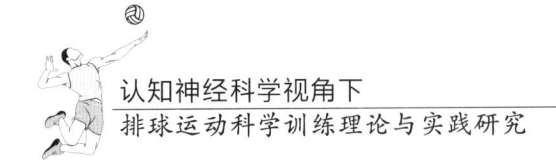

特殊规定，掌控赛场节奏，对整体局势有清晰的认识，并能够及时调整自身战术战法。新规则中，自由人在防守方面的重要性得到了加强，同时也在信息传递过程中扮演了更重要的角色。因此，自由人需要具备敏锐的战术意识，能够及时发现对方的战术，并与场上队友进行沟通，调整自身战术战法。当团队缺乏意识时，自由人应及时与场下教练员沟通，并通过日常训练中积累的经验型战术，带领团队调整节奏与战术，应对对方的变化。自由人不仅需要自己具备战术识别意识，发现问题后还要能够带领其他队员及时调整战术战法。

排球是一个集体项目，任何一个位置都很重要。自由人作为场上的重要一员，与其他队员的协调配合至关重要。教练员应根据本队自由人的特点及优势，并结合本队的实际情况，对自由人进行系统的训练，强化防守训练，提高接发球防守能力，使其与全队熟练配合，设计一套独特的、符合本队具体情况的战术组合。可以参考国外先进的自由人打法，结合团队实际水平能力，编排出适合团队发展的战术打法。现阶段，已有不少排球专业的学生针对自由人战术创造出了一些新打法，需要团队进行磨合，尽快学习和掌握这些新方法，并将其运用到实际对抗比赛中，尽早打磨出适用于自己团队的自由人战术。

第八章
排球运动技战术科学化训练研究

本研究以"9网段"理论为基础,设计了一种自由人战术。在"9网段"这一理念当中,在一传和防守不到位的情况下,制定技战术时可以在距离球网较远的进攻线附近进行设定可行的立体战术(如图8-1所示),当本队的防守队员将球接至中"5"这一区域时,因为二传传球的跑动距离较远,这时自由人完全可以代替二传进行传球并且组织进攻,同样可以按照战术需要,利用前排"1"和"9"两个进攻点,后排"3"和"7"两个进攻点,进行战术立体进攻。通过后排的战术进攻,同样可以达到强大的进攻效果。哪怕是在二传因距离较远而移动不到位时,自由人同样可以进行多样化的调传战术安排。

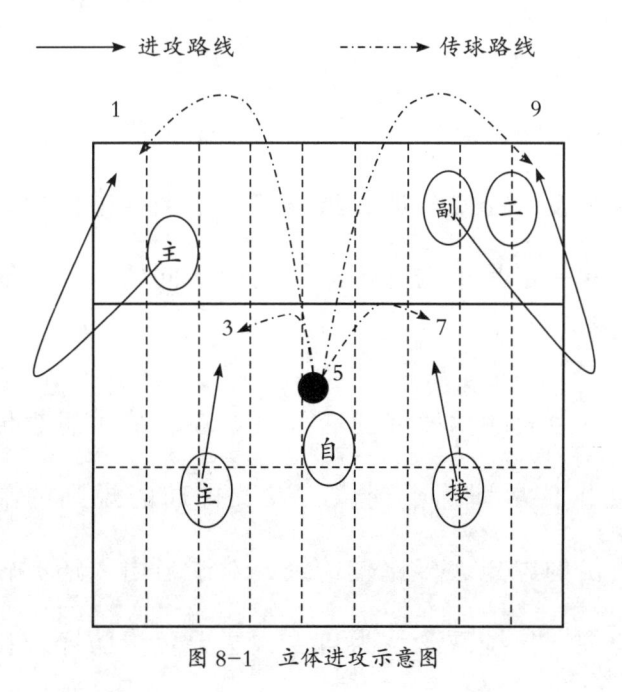

图 8-1 立体进攻示意图

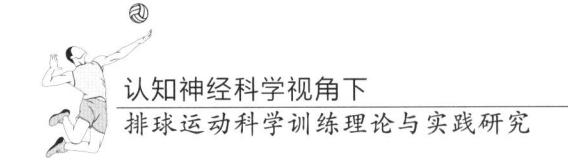

在日常训练中，通过丰富战术，设计出多套足以在实战中应对对方打法的战略。一般上场的战术方法都是比赛前定好的，但如果遇到赛场上对方状况超出预期，临时变动战术战法虽然可以有效打击对手，争取获胜机会，但如果不能很好地将战术改变信息传递给本队队员，很有可能对自身产生更大的影响。因此，在日常的训练中，不仅要重视队员之间的配合和战术，还需要重视整个队伍内部信息的传递。如果教练员发现了对方球队的弱点，而本队恰好有破解的战术，这时就需要有简洁高效的信息传递系统来将更改战术的信息传递给场上的队员。这时，自由人就起到了全队信息枢纽的作用，他可以很快地接收教练的信息并且将信息传递给其他队员。

一套完备的信息传递系统需要根据教练的习惯和队员们的习惯来开发，需要队员和教练在日常训练中慢慢地摸索和磨合，因此一定是根据队伍的不同而不同的，不可能适用于所有队伍。

我国自由人战术发展的瓶颈主要在于战术思想传统、战略上忽视、日常训练不到位，以及排球的规则的限制。目前教学人员的思想大多比较传统，对于自由人还有较多的功能未被挖掘。传统观念认为自由人主要负责防守，在训练中对于自由人的运用也仅用于传统的防守，忽略了自由人参与进攻的潜力，过多地注重进攻套路而忽视了自由人的作用。这种情况导致自由人球员日常训练的积极性不够，造成了自由人发展的恶性循环（表8-1）。

表8-1 涉及战术思想传统，缺乏"自由人"战术的回答及被访谈者的记录

涉及的访谈者	涉及的回答
韩*	思想传统化，现在大部分的观念认为自由人主要的目的是防守
何**	在排球运动中，自由人的运用过于传统
房*	国内球员和教练员对排球的解析不够透彻，一味遵循以前的打法，缺乏推陈出新的思想和勇气，思想有点落后国外
刘**	传统观念较强，缺乏创新性
王**	教练们没有全面发现自由人的作用，没有做出突破性的改变还是局限于一传和防守当中，没有考虑到自由人参与进攻的作用，过于注重进攻的套路而忽视了自由人的作用
张**	国内球员和教练员对排球的解析不够透彻，一味遵循以前的打法，没有推陈出新的思想和勇气

目前，大多数人总是关注球队进攻的发展，无论是教学人员还是排球运动员，都局限于大力练习进攻套路，而忽略了防守这一重要环节。然而，自由人战术与防守息息相关，

由于自由人战术不受重视,教学人员也疏于对自由人球员的培养。此外,教练们没有全面开发自由人的作用,没有做出突破性的改变,仍然局限在一传和防守中,没有意识到自由人参与进攻的潜力,过多地注重进攻的套路而忽视了自由人的作用(表8-2)。

表8-2 涉及战略上忽视"自由人",理解不够的回答及被动访谈者

涉及的访谈者	涉及的回答
卜**	大多队伍都集中注意了队员的进攻实力和拦网实力却忽略了防守的重要性,在防反系统上防守是最重要的一环,大多队伍都没有注意到这个问题所以遇到了瓶颈
房*	国内球员和教练员对排球的解析不够透彻,一味遵循以前的打法,没有推陈出新的思想和勇气,思想有点落后国外
陈*	对排球运动中规律认知不够、较多的功能未被充分挖掘
李**	现在大多数人总是关注球队进攻的发展,大力练习队里的进攻套路而忽略了防守这一项目,如果不大力练习防守,那么自由人的推广就会遇到瓶颈
王**	教练们没有全面挖掘自由人的作用,没有做出突破性的改变还是局限在一传和防守当中,没有想到自由人参与进攻的作用,过多地注重进攻的套路而忽视了自由人的作用

目前的日常排球训练中，对自由人关注不足，因此对于自由人的培养和训练也十分欠缺。教练对自由人的忽视导致自由人在日常的训练中不尽心尽力，而自由人本身的训练不到位又让教练更加难以认识到自由人的重要性，从而形成了一个恶性循环。

涉及此问题的相关访谈人员及回答如表8-3所示。在排球比赛的规则中，自由人主要负责防守，不能进攻，甚至有的时候不能将球处理到对方场地，在战术上存在一定的局限性，少了一个攻击点，不能很好地实现战术体系（表8-4）。没有进攻能力，极大地限制了战术的发展，战术体系里没有自由人的位置，自由人只能依靠防守技术来保证自己在场上的作用，如果对方不让自由人接球，那场上的

表8-3 涉及日常训练不到位的回答及被访谈者

涉及的访谈者	涉及的回答
李**	现在大多数人总是关注球队进攻的发展，大力练习队里的进攻套路而忽略了防守这一项目，如果不大力练习防守的话那么自由人的推广就遇到瓶颈
连**	基层队伍训练对自由人的培养和重视度不够
林*	自由人对临场的阅读能力和比赛经验不足；接一传或防守的能力不够

表 8-4　涉及排球规则限制的回答及被访谈者

涉及的访谈者	涉及的回答
董 *	自由人主要负责防守，不能进攻，甚至有的时候不能将球处理到对方场地
阮 *	自由人主要负责防守，不能进攻，在战术上有点不好提醒，少了一个攻击点，不能很好地实现战术体系
宋 **	没有进攻能力，限制了战术的发展，战术体系里没有自由人的位置。自由人只能依靠防守技术来保证自己在场上的作用，如果对方不让自由人接球，那场上的自由人就失去了价值

自由人就失支了价值。因此，排球比赛中的规则也限制了自由人战术的发展。

第九章
排球运动员的科学营养和科学饮食

排球是一项对运动员的身体素质、技术技能和战术理解要求极高的运动，也是一项需要高度体能和耐力的团队运动。运动员在比赛中需要进行大量的跳跃、冲刺、变向和长时间的有氧运动。在高强度的比赛中，运动员要在短时间内进行高强度的能量输出，这就需要充足的能量储备和及时的能量补充。因此，良好的营养摄入对于确保运动员有足够的能量来完成这些高强度活动至关重要。同时，合理的营养和饮食对于排球运动员来说，不仅关系到即时的运动表现，还影响着训练恢复、身体机能调节及健康状况。

一、营养与体能的关系

首先，排球运动员的能量需求高于普通人，因为他们的训练和比赛消耗巨大。能量的主要来源是碳水化合物、脂肪和蛋白质。碳水化合物是最主要的能量来源，尤其是在高强

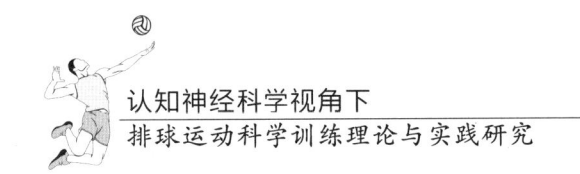

度和长时间运动中。脂肪作为次要的能量来源，在长时间低强度运动中发挥作用。蛋白质虽然主要用于肌肉修复和生长，但在长时间运动中，当碳水化合物和脂肪储备耗尽时，也会被用作能量来源。

1. 排球运动员的能量消耗特点

（1）排球运动的能量消耗具有间歇性的高强度的特点：排球比赛中的发球、扣球、拦网等动作都需要在短时间内进行高强度的能量输出，这主要依赖于无氧代谢供能。而在比赛的低强度阶段，如站位移动和防守轮转和站位调整等，则主要依赖于有氧代谢供能。因此，排球运动员需要在有氧与无氧的供能方式之间进行高效的能量切换。

（2）间歇性高强度能量需求：排球运动是一项间歇性高强度活动，运动员需要在短时间内进行高强度的能量输出，随即进入较短暂的休息阶段。这种能量消耗模式要求运动员的身体能够在有氧和无氧供能方式之间进行高效切换，以适应比赛中不断变化的强度。

（3）有氧代谢提供能量：在比赛及训练的僵持阶段，尤其是在低至中等强度的运动阶段，有氧系统是主要的能量来源，支撑着运动员进行长时间的耐力性表现。有氧代谢过程中，葡萄糖与脂肪酸在氧气的参与下经过复杂的生化反应，产生大量的 ATP，为肌肉活动提供持续的能量。

（4）快速补充能量的需求：排球运动的激烈竞争环境要求运动员在短时间内进行高强度的能量输出，随后进入较短暂的休息阶段，以待下一轮的身体活动。这种间歇性的运动模式导致能量消耗与补充之间存在着密切而复杂的关系。在高强度运动阶段，无氧代谢成为主要的能量供应方式，迅速分解磷酸肌酸与糖原，以满足肌肉对 ATP 的即时需求。

（5）磷酸原供能系统：磷酸原供能系统又称为 ATP-CP 供能系统，通过 ATP 直接分解供能，供能时间短，是维持极量运动的主要能量来源。这种系统通过 ATP 和磷酸肌酸（CP）的快速分解来提供能量，适用于短时间内的高强度活动，如跳跃和快速移动。

（6）糖酵解供能系统：糖酵解供能系统又称为乳酸供能系统，是由糖原在氧供不足时分解产生乳酸，再由乳酸释放能量供应运动。该系统用于维持短时间高强度的运动，如扣球和拦网。

（7）有氧供能系统：有氧供能系统是在氧供充足的条件下，通过氧化分解能源物质产生能量的供能系统。该系统维持运动的时间较长，是长时间运动的主要能量来源，适用于比赛中的持续活动和恢复阶段。

了解这些能量消耗特点对于制定科学的训练计划、优化运动员的能量补充策略以及提高比赛表现具有重要意义。教练员和运动员可以根据这些特点来调整训练强度、恢复策略和营养补充计划，以确保运动员在训练和比赛中能够发挥最佳水平。

2. 排球运动员的宏观营养素需求

碳水化合物、蛋白质和脂肪是人体的三大宏观营养素，它们在排球运动员的饮食中扮演着重要角色。

排球运动员的宏观营养素的摄入应该根据他们的体重、训练量和比赛强度来定制。通常有以下几种。

（1）碳水化合物：作为主要的能量来源，碳水化合物的摄入对于排球运动员尤为重要。它们能够迅速分解产生ATP，为肌肉活动提供能量。运动员应在日常饮食中摄入足够的碳水化合物，以确保足够的能量储备。碳水化合物的摄入量应该占总能量摄入的55%~65%。

（2）脂肪：脂肪不仅提供能量，还涉及维持细胞结构、促进营养吸收及激素合成等关键生理过程。适量的脂肪摄入能够确保能量供应的持续性，支撑运动员完成长时间的耐力性表现。脂肪的摄入量应占20%~25%。

（3）蛋白质：蛋白质对于肌肉的构建、维护及修复至关重要。排球运动员在训练和比赛中，肌肉组织会经历不断的损伤与修复过程，因此对蛋白质的需求显著增加。高质量的蛋白质来源包括鱼类、肉类、蛋类及乳制品。蛋白质的摄入量占15%~20%。这种比例有助于确保运动员有足够的能量进行训练和比赛，同时提供足够的氨基酸来支持肌肉的修复和生长。

3. 排球运动员的微观营养素需求

除了宏观营养素，排球运动员还需要关注微观营养素的摄入，包括水分、电解质、维生素和矿物质。

（1）水分和电解质：在高强度的运动中，身体通过汗液散热，导致水分和电解质的丢失。适时补充水分与电解质，能够预防脱水现象，保持体能，提高运动效率。

（2）维生素和矿物质：维生素和矿物质虽然不直接提供能量，但二者在促进能量代谢、增强免疫力、维护神经系统健康等方面扮演着至关重要的角色。

4. 排球运动员的饮食计划

排球运动员的饮食计划应根据训练和比赛的需要进行调整。在训练日，运动员需要更多的能量和营养素来支持训练和恢复。在非训练日，饮食计划应侧重于恢复和维持身体健康。在比赛期间，饮食计划需要进一步调整，以确保运动员在关

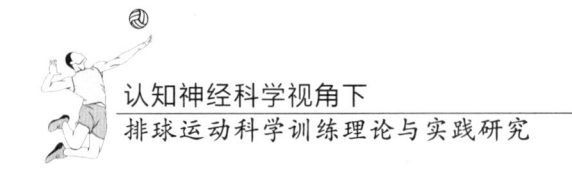

键时刻能够表现出最佳水平。排球运动员的饮食计划对于确保他们在训练和比赛中表现出最佳水平至关重要。以下是一些关键点，用于制定科学化的饮食计划。

（1）能量消耗特点与营养需求：排球运动员在训练和比赛中的能量消耗特点是间歇性的高强度活动，需要快速的能量补充。因此，他们需要高碳水化合物的饮食来支持能量需求，同时还需要足够的蛋白质来修复和重建肌肉组织。

（2）碳水化合物的摄入：碳水化合物是排球运动员的主要能量来源，尤其是高强度活动中。运动员应在日常饮食中摄入足够的碳水化合物，以确保足够的能量储备。根据运动营养学的建议，碳水化合物的摄入量应占总能量摄入的55%~65%。

（3）蛋白质的重要性：蛋白质对于肌肉的构建、维护及修复至关重要。排球运动员在密集训练与竞赛期间，肌肉组织经历着不断的损伤与修复过程，因此对蛋白质的需求显著增加。建议每日每公斤体重应摄入1.2~2.0克蛋白质。

（4）脂肪的作用：脂肪为身体提供必要的能量储备，还涉及维持细胞结构、促进营养吸收及激素合成等关键生理过程。适量的脂肪摄入能够确保能量供应的持续性，支撑运动员完成长时间的耐力性表现。

（5）维生素和矿物质的补充：维生素和矿物质虽然不直接提供能量，但在促进能量代谢、增强免疫力、维护神经系统健康等方面扮演着至关重要的角色。排球运动员的饮食应包含丰富的维生素来源，如新鲜果蔬、全谷物、坚果、种子、鱼类及乳制品。

（6）水和电解质的平衡：水和电解质维持体液平衡，参与多项生理功能。排球运动员在高强度运动中会通过汗液丢失大量水分和电解质，因此适时补充水分与电解质对于预防脱水、维持体能和提高运动效率至关重要。

（7）饮食计划的制定：排球运动员的饮食计划应根据训练强度、比赛频率、个人健康状况，确保每日摄入的营养素能够满足身体的需求，促进恢复，增强体能。早餐应包含富含碳水化合物的食物，搭配优质蛋白质以及新鲜果蔬。午餐与晚餐则重点在于均衡摄入，包括瘦肉、鱼类或豆制品作为蛋白质的来源，复合碳水化合物以及丰富的蔬菜与少量的优质脂肪。

（8）训练和比赛前后的营养补给：训练或比赛前后的营养补给策略，旨在优化能量利用与加速肌肉恢复。训练前2~3小时摄入富含碳水化合物、低脂、易消化的餐食，训练或比赛后30分钟内，采用蛋白质与碳水化合物的组合补给，如运动饮料或蛋白质奶昔，快速补充能量，促进肌肉修复。

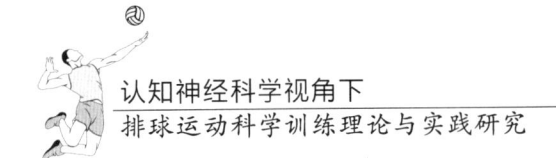

（9）排球运动员的营养补充策略：排球运动员在训练和比赛中需要及时补充能量和营养素。运动前、中、后的营养补充策略对于优化运动表现和加速恢复至关重要。此外，针对特殊情况（如伤病恢复期），运动员可能需要特别的营养补充。

（10）排球运动员的饮食习惯优化：养成良好的饮食习惯对于排球运动员来说非常重要。定时定量的饮食有助于维持能量水平和营养素的稳定摄入。同时，避免不良的饮食习惯，如高糖、高脂肪的食物，可以减少对健康的负面影响。

（11）科技在排球运动员营养中的应用：科技的进步为排球运动员的营养管理提供了新工具。营养追踪和监测技术可以帮助运动员和教练员更好地了解营养摄入情况，从而制定个性化的营养计划。数据分析可以帮助运动员优化饮食计划，以提高运动表现。

二、营养与肌肉健康

排球运动对肌肉力量、耐力和爆发力的要求很高。良好的营养摄入对于支持肌肉健康和保持性能至关重要。以下身体营养因素的及时补充，以及运动员平时的健康饮食选择和健康生活方式对于排球运动员肌肉健康更是尤为重要。

（1）蛋白质的重要性：蛋白质是肌肉生长和修复的基础。运动员和老年人都需要足够的蛋白质摄入来维持肌肉健康。研究表明，老年人的每日蛋白质摄入量应为≥1.0克/千克体重，而肌少症和（或）虚弱患者每日蛋白质摄入量应为≥1.2克/千克体重。对于运动员来说，尤其是在高强度训练后，及时补充蛋白质对于肌肉恢复和生长尤为重要。

（2）维生素D与钙的补充：维生素D对肌肉功能有直接影响，血清25（OH）D水平降低与肌肉数量减少、握力下降、体力活动受限以及衰弱有关。补充维生素D可有效改善肌肉力量与功能状况。钙的摄入也与肌肉量呈正相关，建议中青年人每日钙摄入总量达到800~1000 mg，老年人达到1000~1200 mg。

（3）n-3多不饱和脂肪酸的作用：n-3多不饱和脂肪酸（n-3 PUFA）具有抗炎作用，可降低体内炎性水平，对提高肌肉力量和改善躯体功能有积极作用。抗阻训练结合每日补充2 g n-3 PUFA，较单纯抗阻训练更能增加肌肉力量及改善肌肉功能。

（4）抗氧化微量营养素的影响：补充大剂量抗氧化营养素（如维生素C和维生素E）并不能改善人体肌肉数量与力量；而硒与肌肉功能状况的关系尚不明确；而多酚具有重要的抗

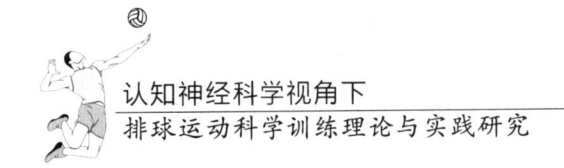

氧化和抗炎症效果，但其对肌肉衰减症的预防和治疗作用尚需进一步研究。

（5）食物选择与营养均衡：在食物的选择上，要强调多样化和均衡性。依据《中国居民膳食指南》（2016版）的建议，每日食物种类应超过12种，每周应超过25种。同时，注意增加食物的蛋白质和能量密度。

（6）营养支持与运动相结合：在饮食摄入不足或不能满足需求的情况下，可补充肌肉衰减症专用的特殊医学用途配方食品、口服营养素补充剂、微量营养素补充剂及肠内营养等。研究表明，营养补充和体育锻炼相结合可以改善肌肉减少症。

（7）运动员的营养需求：运动员的营养需求与普通人不同，他们需要更精细的营养管理，包括蛋白质、脂肪、能量和营养素的定量摄入。运动员的营养管理是长期且持续的，并且要将各种营养相关数据累计成册，提供给教练员作为参考。

（8）肌肉健康与生活方式：肌肉健康不仅与营养摄入有关，还与生活方式密切相关。适当的运动，如阻力训练、有氧运动和平衡训练等，对维持肌肉健康至关重要。此外，营养和运动的结合可以更有效地管理和预防肌少症。

三、营养与恢复

排球运动员在训练和比赛后需要采取有效的恢复策略来准备下一次的训练或比赛。营养在这一过程中扮演着重要角色。而"这一过程"也包括运动员在平日生活中以及身体机能变化及营养补充的以下方面。

1. 恢复饮食

训练后的营养摄入对于促进恢复至关重要。所谓的"合成窗口"是指训练后的30~60分钟内,此时摄入碳水化合物和蛋白质可以最有效地促进肌肉糖原的恢复和蛋白质合成。这有助于减少肌肉酸痛和疲劳,加速恢复过程。

2. 抗氧化剂

高强度训练会产生自由基,这些自由基如果不受控制,可能会导致氧化应激和肌肉损伤。摄入富含抗氧化剂的食物,如水果、蔬菜和全谷物等,可以帮助中和自由基,减少氧化损伤。

3. 蛋白质的重要作用

蛋白质是肌肉生长和修复的基础。运动员和积极参与锻炼的个体需要足够的蛋白质摄入来支持肌肉的合成和修复过

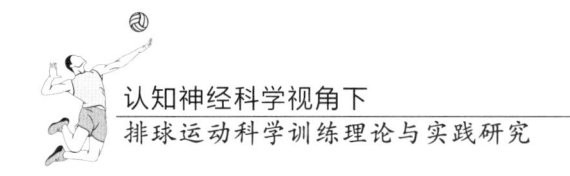

程。研究表明，运动后及时补充蛋白质有助于增加肌肉蛋白质的合成，对抗运动引起的肌肉分解。

4. 碳水化合物的重要性

碳水化合物是肌肉活动的主要能量来源。在运动后补充碳水化合物有助于恢复肌肉糖原的储备，为下一次训练提供能量。

5. 脂肪的适量摄入

脂肪虽然通常与能量过剩和体重增加相关，但适量的脂肪摄入对于维持细胞结构和功能、激素合成以及维生素的吸收都是必需的。

6. 维生素和矿物质的补充

维生素 D、钙、镁等营养素对于肌肉功能和骨骼健康至关重要。例如，维生素 D 有助于钙的吸收，而钙是肌肉收缩和神经传导所必需的。

7. 水分的补充

运动期间的水分流失需要通过饮水来补充。保持适当的水合状态对于维持血液循环、体温调节和代谢废物的排除都是必要的。

8. 运动后的营养补充

运动后被称为"窗口期"的时间段内，身体对营养的吸收和利用特别敏感。在这段时间内补充营养，特别是蛋白质和碳水化合物，可以最大化恢复效果。

9. n-3 多不饱和脂肪酸的影响

n-3 多不饱和脂肪酸（如 Omega-3 脂肪酸）对于减少炎症、促进肌肉修复和改善肌肉功能具有积极作用。

10. 个性化营养计划

由于每个人的运动强度、训练目标和个人健康状况不同，因此需要个性化的营养计划来满足特定的恢复需求。

11. 运动营养的时效性原则

运动营养强调在运动前、中、后的不同时间段内补充适当的营养，以达到最佳的训练效果和恢复状态。

12. 运动饮料的补充

在长时间或高强度运动中，运动饮料可以帮助补充流失的电解质和能量，维持血糖水平，防止脱水，并支持肌肉功能。

四、营养与竞技状态

良好的营养不仅有助于提高体能和加速恢复，还可以提升排球运动员的竞技状态。以下两个方面也可以充分影响运

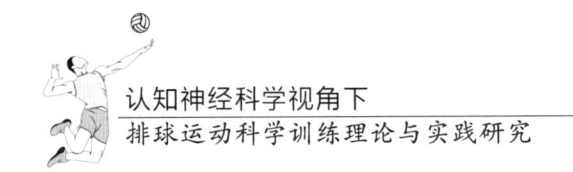

动员的竞技状态，同时运动员也可以通过合理的营养补充来达到一定预防效果。

1. 心理表现

营养与心理表现密切相关。例如，Omega-3 脂肪酸对大脑健康和认知功能至关重要。摄入足够的维生素 B 群和铁质也有助于提高能量水平和注意力。

2. 免疫系统支持

运动员由于训练和比赛的压力，免疫系统可能会受到影响。良好的营养摄入，特别是富含维生素 C、维生素 E 和锌的食物，可以帮助支持免疫系统，降低生病的风险。

五、营养与健康

长期的营养不足或不平衡可能会对运动员的健康产生负面影响。因此，营养在维护排球运动员的整体健康中起着重要作用。运动员也必须通过各种合理方法来维持良好的身体状态。

1. 预防营养不足

排球运动员需要确保他们摄入足够的微量营养素，如钙、铁和维生素 D，以支持骨骼健康和预防营养不足。女性运动员尤其需要注意铁质的摄入，以预防贫血。

2. 体重管理

营养摄入也与体重管理密切相关。运动员需要通过合理的饮食来维持健康的体重，既不能过轻，也不能过重。过轻可能会影响力量和耐力，而过重可能会影响速度和敏捷性。

六、营养补充剂的使用

虽然均衡的饮食是最佳的营养来源，但在某些情况下，合理使用以下营养补充剂可能会对排球运动员有所帮助。

1. 蛋白质补充剂

对于难以通过食物摄入足够蛋白质的运动员，蛋白质补充剂（如蛋白粉）可以作为一个方便的选择。它们能够帮助满足运动员对蛋白质的高需求，尤其是在高强度训练或比赛后，有助于肌肉的修复和生长。

2. 能量补充剂

在高强度训练或比赛期间，能量补充剂（如运动饮料）可以提供快速的能量来源，帮助运动员维持能量水平。这些补充剂通常含有碳水化合物和电解质，能够迅速补充能量并维持体液平衡。

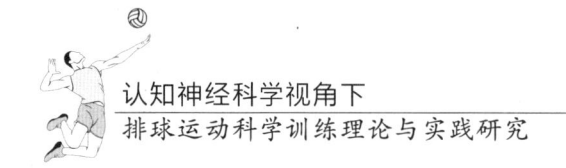

3. 恢复补充剂

一些补充剂，如支链氨基酸（BCAAs）和谷氨酰胺等，被认为可能有助于肌肉恢复，然而，目前这方面的科学证据尚不充分，其效果仍需进一步研究验证。

七、营养计划的制定

制定个性化的营养计划对于满足排球运动员的具体需求至关重要。以下是目前常见的科学营养计划。

1. 个人化需求

营养计划应该根据运动员的年龄、性别、体重、训练量和个人目标来制定。这可能需要与营养师合作，以确保营养计划的科学性和有效性。

2. 周期化营养

与训练周期化一样，营养计划也应该根据训练周期的变化而调整。例如，在高强度训练期间，运动员可能需要增加能量和蛋白质的摄入。

八、营养教育的重要性

营养教育对于帮助排球运动员做出明智的饮食选择至关

重要。

在教育和意识方面，运动员应该接受关于营养原则的教育，包括宏观营养素的作用、微观营养素的重要性以及如何阅读食品标签。在自我监控方面，运动员应该学会自我监控他们的饮食习惯和身体反应，以便及时调整营养计划。

九、结　论

营养在排球运动中扮演着至关重要的角色。它不仅影响运动员的体能、竞技状态和恢复，还关系到他们的整体健康和长期表现。因此，排球运动员应该重视营养摄入，制定科学合理的营养计划，并在必要时寻求专业的营养指导。通过这样做，他们可以提高表现，减少受伤的风险，并享受更健康、更持久的运动生涯。

第十章
排球运动比赛协调配合训练研究

排球是一项团队合作至关重要的运动，比赛中队员之间的协调配合是取胜的关键因素之一。以下是对排球比赛中协调配合的详细讨论。

一、比赛中的协调配合

1. 排球比赛中协调配合的重要性

排球比赛是一个高度互动的过程，要求六名队员在场上不断地进行位置交换、沟通和协作。协调配合不仅涉及技术的层面，还包括战术、心理和沟通等多个方面。

2. 战术层面的配合

排球比赛中，战术的执行需要队员们有高度的默契和配合。例如，进攻时的快攻、短平快、背飞等战术都需要接应、二传和攻手之间的精确配合。

3. 技术层面的配合

技术层面的配合涉及发球、接发球、传球、扣球、拦网和防守等各个环节。队员们需要根据比赛的实际情况，灵活运用各种技术动作，与队友形成有效的配合。

4. 心理层面的配合

心理层面的配合包括队员们之间的相互信任、鼓舞和支持。在关键时刻，队员们需要相互鼓励，保持积极的心态，共同面对挑战。

5. 沟通层面的配合

沟通是协调配合的基础。队员们需要通过语言、肢体语言和表情等方式进行有效的沟通，确保信息的准确传递和执行。

二、协调配合的基本要素

排球比赛中的协调配合包括以下几个基本要素。

1. 明确的角色分工

每个队员都有明确的角色和职责，如主攻手、副攻手、接应二传、二传手、自由人等。每个角色都有其特定的技术

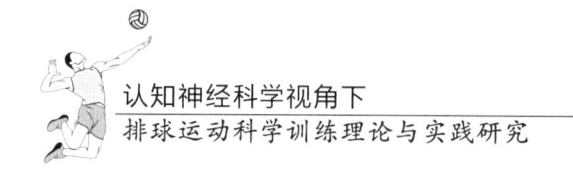

要求和战术任务。

2. 良好的技术基础

良好的技术基础是协调配合的前提。队员们需要熟练掌握各种基本技术，如发球、接发球、传球、扣球、拦网和防守等。

3. 高效的沟通机制

高效的沟通机制能够确保队员们之间的信息传递准确无误。这包括语言沟通、肢体语言沟通和非语言沟通等方式。

4. 灵活的战术应变

比赛中的情况瞬息万变，队员们需要根据对手的战术变化和比赛的实际情况，灵活调整自己的战术和配合方式。

5. 默契的团队协作

长期的共同训练和比赛能够培养队员们之间的默契，这种默契是协调配合的重要基础。

三、协调配合的战术运用

排球比赛中，协调配合的战术运用是取胜的关键。以下是一些常见的战术运用。

1. 一攻战术

一攻战术是最基本的进攻战术，包括四号位强攻、二号位快攻、三号位快攻等。这些战术需要攻手和二传之间有精确的配合。

2. 反击战术

反击战术是在对方进攻后迅速组织进攻的战术。这需要队员们在防守成功后迅速转换角色，进行有效的进攻配合。

3. 快变战术

快变战术是通过快速变化进攻节奏和线路来迷惑对手的战术。这需要队员们有高度的默契和灵活的技术运用。

4. 拦防战术

拦防战术是通过拦网和防守来阻止对方进攻的战术。这需要队员们有良好的位置感和协同作战的能力。

四、协调配合的训练方法

为了提高协调配合的能力，队员们需要进行有针对性的训练。以下是一些有效的训练方法。

1. 基本技术训练

基本技术训练是提高协调配合能力的基础。队员们需要

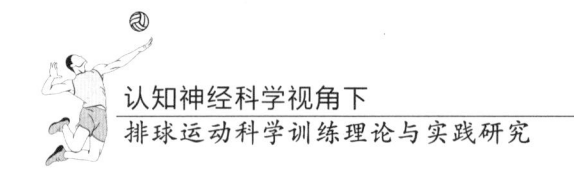

通过反复练习，熟练掌握各种基本技术。

2. 战术配合训练

战术配合训练是通过模拟比赛中的实际情况，进行有针对性的战术配合训练。这有助于提高队员们在比赛中的应变能力。

3. 沟通技巧训练

沟通技巧训练是提高协调配合能力的重要环节。队员们需要学会如何有效地进行信息传递和沟通。

4. 团队协作训练

团队协作训练是通过团队建设活动和协作游戏等方式，培养队员们之间的默契和团队精神。

5. 心理调适训练

心理调适训练是通过心理辅导和放松训练等方式，帮助队员们保持良好的心态和竞技状态。

● 五、协调配合的比赛策略

比赛中，队员们需要根据对手的特点和比赛的实际情况，灵活运用协调配合的策略。以下是一些有效的比赛策略。

1. 针对性的战术布置

根据对手的特点，制定有针对性的战术布置。例如，针对对方弱点进行重点攻击，或者针对对方强点进行有针对性的防守。

2. 灵活的战术调整

比赛中，队员们需要根据实际情况灵活调整战术。例如，当对方加强拦网时，可以调整进攻线路，或者增加快攻和吊球等变化。

3. 有效的心理调节

比赛中，队员们需要保持良好的心态，及时调整自己的情绪。例如，在落后时保持冷静，或者在领先时保持专注。

4. 积极的团队氛围

比赛中，队员们需要营造积极的团队氛围，相互鼓励和支持。这有助于提高团队的凝聚力和战斗力。

六、协调配合的案例分析

通过分析具体的排球比赛案例，可以更深入地理解协调配合的实际运用。以下是一些典型的案例分析。

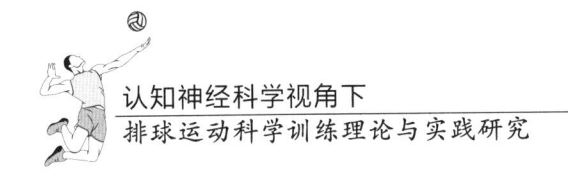

1. 快攻战术的运用

分析某次比赛中快攻战术的运用，包括二传和攻手之间的配合，以及快攻战术的变化和效果。

2. 拦防战术的运用

分析某次比赛中拦防战术的运用，包括队员们之间的协同作战，以及拦防战术的成功率和影响。

3. 反击战术的运用

分析某次比赛中反击战术的运用，包括防守成功后的快速转换，以及反击战术的效率和效果。

七、协调配合的未来趋势

随着排球运动的发展，协调配合的趋势也在不断变化。以下是一些未来的趋势。

1. 更高的战术要求

随着比赛水平的不断提高，对协调配合的战术要求也越来越高。队员们需要掌握更复杂的战术和配合方式。

2. 更强的个人能力

随着训练水平的提高，队员们的个人能力也在不断提升。

这为协调配合训练提供了更好的基础。

3. 更多的数据分析

随着数据分析技术的发展，队员们可以更准确地分析和评估协调配合的效果，从而进行针对性的改进。

4. 更好的技术支持

随着科技的进步，队员们可以利用更多的技术支持，如视频分析、动作捕捉等，来提高协调配合的能力。

八、结　论

协调配合是排球比赛中取胜的关键因素之一。通过明确的角色分工、良好的技术基础、高效的沟通机制、灵活的战术应变和默契的团队协作，队员们可以提高协调配合的能力，从而在比赛中取得优势。同时，针对性的训练、有效的比赛策略和积极的团队氛围也是提高协调配合的重要因素。随着排球运动的发展，协调配合的趋势也在不断变化，队员们需要不断适应新的要求和挑战。通过不断的努力和创新，队员们可以提高协调配合的水平，为比赛的胜利奠定基础。

第十一章
眼脑交互视角下排球运动员比赛中起跳时机研究

排球作为一项高度竞技性的团队运动，要求运动员在短时间内做出精确的动作决策。起跳时机是排球比赛中决定拦网和进攻成功的关键因素之一。运动员必须在对手击球的瞬间准确判断并起跳，以获得最佳的拦截或进攻位置。这一决策过程涉及复杂的感知、认知和运动控制过程，神经交互在其中扮演着至关重要的角色。

本研究旨在探讨排球运动员在决定起跳时机时的神经交互机制，以及如何通过训练和心理策略优化这一过程。通过结合运动科学、神经科学和心理学的理论和技术，我们希望能够为排球运动员提供更有效的训练方法和比赛策略。

一、神经机制在运动决策中的作用

神经交互理论的基础是理解大脑如何处理和整合信息以指导行为的框架。以下是几个关键的理论基础。

第十一章
眼脑交互视角下排球运动员比赛中起跳时机研究

1. 感知-行动耦合理论

感知-行动耦合理论强调感知和行动之间的直接联系。在排球运动中，这意味着运动员必须迅速感知对手的动作并立即做出反应。这种理论认为，感知过程不仅仅是被动地接收信息，而是与行动紧密相连，形成了一个动态的交互过程。例如，运动员在起跳时，他们的视觉感知会直接指导他们的腿部肌肉做出相应的跳跃动作。

2. 预测编码理论

预测编码理论关注大脑如何预测未来事件并据此做出决策。在排球比赛中，运动员需要预测对手的击球方向和力度，以便及时做出反应。这种理论认为，大脑不断地在生成和更新一个内部模型，用于预测外界事件，并根据这些预测来调整行为。

3. 神经可塑性

神经可塑性的概念表明，通过训练和经验，大脑的结构和功能可以发生改变。这对于排球运动员来说尤为重要，因为通过不断的训练，他们可以改善大脑处理视觉信息的效率，提高反应速度和协调性。神经可塑性也意味着运动员可以通过特定的训练来优化他们的神经网络，从而提高运动表现。

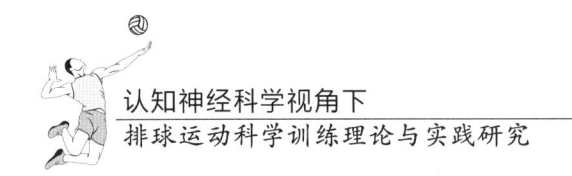

4. 全局工作空间理论

全局工作空间理论（Global Workspace Theory, GWT）是一种认知架构，它认为大脑可以分成一些具有特定功能的模块，这些模块通过一个全局工作空间进行信息交流和处理。在排球运动中，这可能涉及视觉处理、运动规划、决策制定等多个脑区的协同工作。这种理论强调了大脑在处理复杂任务时的整合能力。

5. 共识主动性机制

共识主动性机制与多智能体交互中的现象有关，其中个体通过局部交互实现全局的计算和决策。在排球运动中，这可能类似于队员之间的战术配合，每个人都扮演着局部的角色，但整个团队通过有效的沟通和协作实现了全局的目标。

6. 神经流形

神经流形是利用动力学的理论和观点来理解众多神经元构成的群体如何进行高效计算的有力工具。通过流形向量场这一精确的数学语言对神经电生理信号进行分析，已经开始回答很多有关神经群体编码的关键问题。

排球运动员必须在瞬间做出起跳决策，以应对对手的进攻。这一过程涉及大脑的多个区域，包括前额叶皮层和枕叶皮层，这些区域负责处理视觉信息并做出快速反应。研究表明，与普通人相比，高水平排球运动员在这些区域的灰质体积和皮层厚度存在显著差异，这可能与他们更高效的决策能力有关。

7. 训练对神经可塑性的影响

长期的运动训练不仅能够提升排球运动员的技能，还能够改变大脑的结构和功能。这种神经可塑性的变化可能有助于运动员在起跳时机的决策上表现得更为出色。训练可能通过增强神经网络的连接和效率，提高了运动员的决策速度和准确性。

二、起跳时机的神经交互过程

当前研究者正在探索如何将神经交互的研究成果应用于实际训练和比赛中。例如，使用功能性磁共振成像（fMRI）等脑成像技术研究运动员在模拟比赛环境中的起跳时机决策过程，以及通过特定的神经交互训练提高运动员的感知处理速度和运动规划能力。

起跳时机的决策是一个复杂的神经交互过程，涉及感觉皮层、运动皮层、前额叶皮层、小脑和基底节等多个脑区的协同工作。这些区域之间的神经网络如何协调工作，决定了

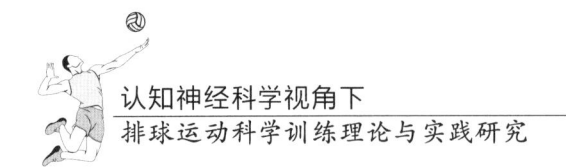

运动员对起跳时机的判断和执行能力。同时，起跳时机的神经机制涉及多个脑区的协同工作。感知处理包括视觉和听觉信息的接收和处理，运动规划涉及运动皮层的活动，决策制定与前额叶皮层的功能密切相关，而动作执行则需要运动皮层、小脑和基底节的协调。这些脑区之间的神经交互对于快速准确地把握起跳时机至关重要。

1. 感知处理

排球运动员在比赛过程中需要快速准确地感知场上的变化，包括对手的动作、球的位置和速度等。这些信息主要通过视觉和听觉感知系统收集，并由大脑的相关区域进行处理。研究表明，高水平排球运动员的大脑在处理视觉信息方面存在显著的结构和功能差异，特别是在右半球枕叶外侧上脑区，这可能与快速准确地判断起跳时机有关。

2. 运动规划

在感知到相关信息后，运动员的大脑需要迅速规划起跳的动作。这涉及运动皮层和基底节等脑区，这些区域负责规划和编程复杂的运动序列。运动规划的效率直接影响到起跳的时机和质量。

3. 决策制定

起跳时机的决策还需要前额叶皮层的参与，特别是背侧前额叶皮层，它在执行功能和决策制定中起着关键作用。运动员需要在极短的时间内评估各种信息，并做出是否起跳以及何时起跳的决策。

4. 动作执行

一旦做出决策，大脑的运动皮层就会发送信号到肌肉，执行起跳动作。这个过程需要精确的神经控制，以确保动作的力度和时机恰到好处。小脑在这个过程中也扮演着重要的角色，它负责协调运动并确保动作的准确性和流畅性。

5. 神经可塑性

长期的训练和经验可以改变大脑的结构和功能，这种现象被称为神经可塑性。高水平排球运动员的大脑结构在某些区域（如视觉信息处理区域）表现出与普通人显著不同的灰质体积和皮层厚度，这可能是长期训练和经验积累的结果，从而影响了他们的起跳时机决策。

6. 神经交互

起跳时机的决策是一个复杂的神经交互过程，涉及大脑多个区域之间的信息传递和整合。这些区域包括感觉皮层、

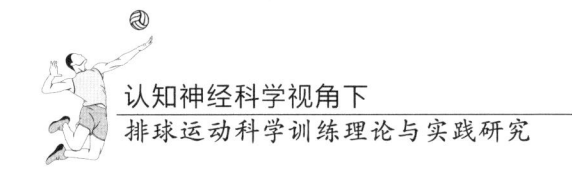

运动皮层、前额叶皮层、小脑和基底节等。这些脑区间的神经网络如何协调工作，决定了运动员对起跳时机的判断和执行能力。

三、影响起跳时机的因素

起跳时机受到多种因素的影响。运动员的体能和技能水平决定了他们对比赛情境的感知和反应能力。比赛情境和对手行为是外部因素，对运动员的决策过程产生直接影响。运动员的心理状态，如自信、焦虑和动机，也会影响起跳时机的准确性。此外，训练和经验可以提高运动员对比赛节奏的感知能力和预测能力，从而优化起跳时机。

1. 心理因素对起跳时机的影响

运动员的心理状态，包括自信、焦虑和动机，会对起跳时机产生影响。心理训练，如认知行为疗法和正念冥想等，可以帮助运动员更好地管理比赛压力，从而提高起跳时机的决策准确性。

2. 技术训练和经验对起跳时机的影响

技术训练和经验可以提高运动员对比赛节奏的感知和预测能力，从而优化起跳时机。训练中要加强下肢伸肌群超等长力量素质的训练，以及快速起跳能力的训练。同时，技术训练和比赛经验的积累能够提高运动员对比赛节奏的感知和预测能力，帮助他们更准确地判断起跳时机。这种经验的积累可能通过增强运动员的神经网络连接，提高了他们的决策效率。

3. 感知处理能力对起跳时机的影响

排球运动员需要快速准确地感知场上的变化，包括对手的动作、球的位置和速度等。这些信息主要通过视觉和听觉感知系统收集，并由大脑的相关区域进行处理。研究表明，高水平排球运动员的大脑在处理视觉信息方面存在显著的结构和功能差异，特别是在右半球枕叶外侧上脑区，这可能与快速准确地判断起跳时机有关。

4. 运动规划和执行对起跳时机的影响

在感知到相关信息后，运动员的大脑需要迅速规划起跳的动作。这涉及运动皮层和基底节等脑区，这些区域负责规划和编程复杂的运动序列。运动规划的效率直接影响到起跳的时机和质量。

5. 决策制定对起跳时机的影响

起跳时机的决策还需要前额叶皮层的参与，特别是背侧

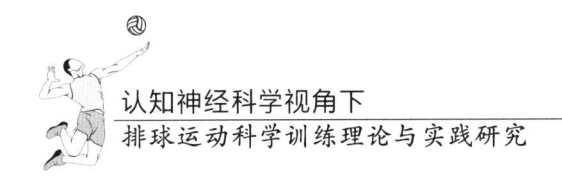

前额叶皮层，它在执行功能和决策制定中起着关键作用。运动员需要在极短的时间内评估各种信息，并做出是否起跳以及何时起跳的决策。

6. 神经可塑性对起跳时机的影响

长期的训练和经验可以改变大脑的结构和功能，这种现象被称为神经可塑性。高水平排球运动员的大脑结构在某些区域（如视觉信息处理区域）表现出与普通人显著不同的灰质体积和皮层厚度，这可能是长期训练和经验积累的结果，从而影响了他们的起跳时机决策。

7. 身体条件和体能对起跳时机的影响

运动员的体能和技能水平决定了他们对比赛情境的感知和反应能力。体能训练，特别是针对下肢力量和爆发力的训练，对于提高起跳时机的准确性至关重要。

8. 比赛情境和对手行为对起跳时机的影响

比赛情境和对手行为是外部因素，对运动员的决策过程产生直接影响。运动员需要能够读懂对手的进攻模式并预测他们的动作，这需要基于经验的快速决策能力。

9. 神经交互对起跳时机的影响

起跳时机的决策是一个复杂的神经交互过程，涉及大脑

第十一章
眼脑交互视角下排球运动员比赛中起跳时机研究

多个区域之间的信息传递和整合。这些区域包括感觉皮层、运动皮层、前额叶皮层、小脑和基底节等。这些脑区间的神经网络如何协调工作，决定了运动员对起跳时机的判断和执行能力。

10. 训练方法和策略对起跳时机的影响

基于神经科学的训练方法可以提高运动员的感知处理速度和运动规划能力。技术调整，如改进起跳技巧和提高反应速度，也是优化起跳时机的重要策略。

四、起跳时机的优化策略

基于神经科学的训练方法可以提高运动员的感知处理速度和运动规划能力。心理训练，如认知行为疗法和正念冥想等，可以帮助运动员管理比赛压力，提高决策的准确性。技术调整，如改进起跳技巧和提高反应速度，也是优化起跳时机的重要策略。比赛策略和战术安排，如根据对手的特点调整防守布局，可以为运动员提供更好的起跳时机。

1. 感知处理能力的提升

通过特定的视觉和听觉训练，提高运动员对场上变化的感知速度和准确性。例如，使用视频反馈和模拟训练，增强

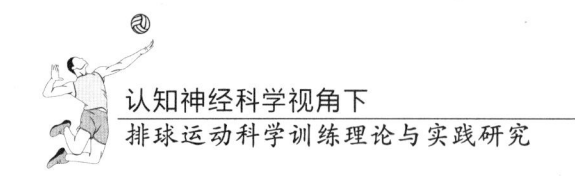

运动员对球速、方向和落点的判断能力。

2. 运动规划和执行的训练

通过重复练习和模拟比赛，提高运动员的运动规划能力和动作执行的准确性。例如，进行有针对性的跳跃和扣球训练，以提高起跳的时机和质量。

3. 决策制定能力的培养

利用认知训练方法，如决策反应训练，提高运动员的决策速度和准确性。例如，通过设置不同的比赛情境，训练运动员在压力下快速做出起跳决策。

4. 神经可塑性的应用

利用神经可塑性原理，通过长期系统的训练，改善运动员的神经网络连接，提高起跳时机的控制能力。例如，通过反复地起跳训练，增强大脑中与运动控制相关的神经通路。

5. 心理状态的调整

通过心理训练，如正念冥想和压力管理，帮助运动员在比赛中保持冷静，提高起跳时机的决策质量。

6. 技术训练和经验的积累

通过持续的技术训练和比赛经验积累，提高运动员对起跳时机的感知和预测能力。例如，通过分析对手的进攻模式，提高运动员对起跳时机的预判准确性。

7. 身体条件和体能的增强

通过体能训练，特别是针对下肢力量和爆发力的训练，提高运动员的起跳能力。例如，进行深蹲、跳箱和短跑训练，以增强起跳时的推力。

8. 比赛情境和对手行为的分析

通过战术分析和对手研究，提高运动员对比赛情境的理解和对对手行为的预测能力。例如，通过视频分析对手的进攻习惯，调整起跳时机的策略。

9. 神经交互的训练

通过特定的神经交互训练，如脑电生物反馈训练，提高运动员的神经交互效率。例如，使用脑电设备监测运动员的大脑活动，提供实时反馈，以优化起跳时机的决策过程。

10. 训练方法和策略的创新

结合神经科学的研究成果，开发新的训练方法和策略，以提高运动员的起跳时机控制能力。例如，利用虚拟现实技术模拟比赛环境，提供更加真实和多变的训练场景。

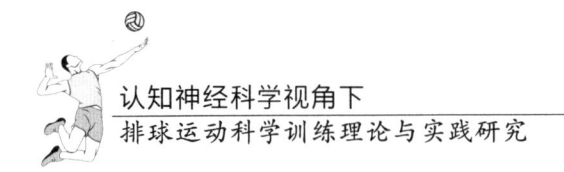

五、未来研究方向

未来的研究可能会进一步探讨非线性和复杂网络分析在理解大脑动态响应中的作用，以及开放科学如何推动研究全程透明化，应对可重复性危机。此外，关注个体差异，通过规范化建模为精准干预提供依据，以及人工智能技术如机器学习和虚拟现实在身心脑一体化研究中的应用，也是未来研究的重要方向。

应用研究部分将探讨如何将实验研究的发现应用到实际训练和比赛中。训练中的应用可能包括开发新的训练程序，以提高运动员的神经交互效率。比赛中的应用可能涉及实时调整战术，以应对对手的变化。运动员个性化策略可能包括根据运动员的特定需求和优势定制训练计划。

1. 专项力量训练

根据《排球扣球起跳及专项力量特征的综合研究》，排球运动员起跳过程中下肢伸肌群完成的是"拉长－缩短周期"收缩，因此训练中要加强下肢伸肌群超等长力量素质的训练。这包括针对臀大肌、股四头肌和小腿三头肌等伸肌群的专项力量训练，以提高起跳能力。

2. 生物力学分析

利用生物力学分析，研究运动员起跳过程中的运动学和动力学参数，以优化起跳技术。这可以通过摄像、足底压力测试和肌电测试等手段进行，以准确获取运动员上步扣球起跳过程中的参数。

3. 心理训练

根据《排球运动员的心理训练探究》，心理训练是提高排球运动员竞技能力的重要组成部分。通过心理暗示、注意力集中和情绪调节等方法，可以提高运动员在关键时刻的决策能力和起跳时机的准确性。

4. 神经可塑性应用

根据《神经可塑性与脑卒中后运动功能恢复的研究进展》，神经可塑性是大脑损伤后运动功能恢复的基础。类似的原理可以应用于排球训练，通过特定的训练刺激，促进大脑神经网络的重塑，提高起跳时机的控制能力。

5. 技术训练

根据《大学生跳高运动员专项技术训练研究——以黄昌讯为例》，技术训练应包括原地过杆、起跳、全程助跑等辅助性练习，以及合理的训练负荷调控，以提高运动员的竞技能力。

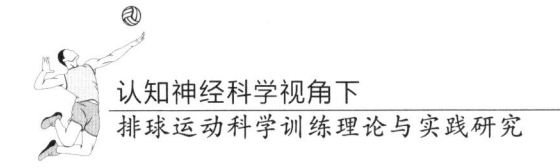

6. 脑适能训练

根据《用脑适能方法提升运动员起跳和落地动作能力》，脑适能训练方法可以帮助运动员减少膝关节和踝关节的损伤，提高起跳和落地动作的"功效"。这包括提高下肢关节的动作效率和改善关节灵活性。

7. 起跳和落地技术优化

根据《跳远起跳过程中身体前旋是如何产生的？如何克服起跳过程产生的前旋》，在空中动作中，运动员需要采取合理的技术来克服身体由于起跳制动产生的躯干前旋运动，维持身体在空中的平衡，这同样适用于排球运动员的起跳和落地技术。

六、结　论

结论部分将总结研究的主要发现，讨论研究的意义和限制，并提出未来研究的方向。研究的意义在于提供了对排球运动员起跳时机决策过程的深入理解，并为提高运动员表现提供了实际策略。因此综上所述，排球运动中，起跳时机对于拦网和进攻的成功至关重要。运动员必须在极短的时间内准确地判断并做出起跳决策，以获得最佳的空中位置。这一过程涉及感知、认知和运动控制等多个方面的神经交互。研究排球运动员起跳时机的神经交互机制，不仅能够提高运动员的表现，还能增进我们对人类运动决策过程的理解。

第十二章
总结与展望

本文对排球运动从认知神经科学的角度进行了全面的研究，涵盖了排球运动的多个方面，包括其理论基础、研究方法、运动员能力评估、认知能力研究以及训练实践等内容，为排球运动的科学训练提供了较为详细的理论依据。

以下是对全书的总结与展望。

一、总　结

（一）研究背景与重要性

排球作为一项全球性的竞技运动，其发展不仅依赖于运动员的身体素质和技术水平，还与对运动员认知能力的深入理解和科学训练方法的应用密切相关。随着认知神经科学的迅速发展，为研究排球运动员在比赛和训练中的认知过程提供了新的视角和方法。本研究旨在深入探讨认知神经科学在排球运动中的应用，揭示排球运动员的认知加工机制，构建科学的训练理论与实践体系，以提高排球运动的训练效果和竞技水平。

（二）研究内容与主要发现

1. 认知神经科学基础

（1）学科概述：认知神经科学是一个跨学科领域，融合了认知心理学、神经科学、计算机科学等多个学科的理论和方法，旨在探索大脑如何支持心智活动，研究大脑的结构和功能以及它们与认知过程的相互作用。其发展经历了多个阶段，从最初的学科分离到逐渐融合，未来还面临着个体差异、复杂性、技术限制、伦理问题和跨学科整合等挑战。

（2）主要研究内容与机制：认知神经科学涵盖了感知、注意、记忆、语言、思维、情感、社会认知和意识等多个方面的神经机制。例如，感知研究涉及不同感官系统如何将外部刺激转化为神经信号以及大脑如何处理这些信号；注意研究关注大脑如何筛选和集中处理信息；记忆研究包括不同类型记忆及其神经基础等。这些研究为理解排球运动员在比赛中的认知行为提供了基础。例如，在排球运动中，运动员需要快速感知场上的各种信息，这涉及感知的神经机制；同时，他们需要集中注意力在关键信息上，这与注意的神经机制相关。

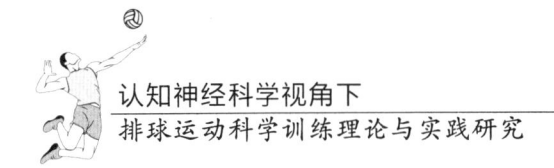

2. 排球运动员能力评估

（1）评估模式建构：排球运动员的专业能力评估模式是一个多维度的体系，包括身体形态、体能素质、技术能力、战术理解与执行、心理素质等方面。通过定量评估、定性评估和多准则决策方法对运动员进行综合评价。这种综合评估模式能够全面、客观地反映运动员的能力水平，为选拔和培养优秀排球运动员提供了科学依据。

（2）不同位置能力分析：对排球主攻手、副攻手等不同位置的专业能力进行了深入分析。从构面和属性上确定了各个因素的重要能力因素。例如，主攻手的运动能力、跳跃能力等在其专业能力评估中权重较高。这有助于针对不同位置的运动员制定更加个性化的训练计划。

3. 排球运动员空间认知能力研究

在空间认知能力研究方面主要有以下几点。

（1）大脑神经机制作用：高水平排球运动员在运动决策时大脑右半球特定区域（如枕叶外侧上脑区）与视觉信息处理有关的灰质体积和大脑皮层厚度与普通人存在差异。这些差异可能是导致他们在空间认知能力上表现出色的原因之一。

（2）眼动特征表现：专家级运动员在视觉信息处理上更为高效，表现为注视点更少、每次注视持续时间更长、覆盖

第十二章
总结与展望

视野更广。这表明他们能够更快速、准确地获取和处理视觉信息，从而在比赛中做出更好的决策。

（3）空间能力对比：通过空间能力测试发现，高水平运动员在空间能力测试中表现更优，心理旋转测试可预测个体空间能力。这进一步证明了空间认知能力在排球运动中的重要性。

（4）知觉预测特征：结合眼动追踪和fNIRS技术研究显示，高水平运动员在知觉预测任务中正确率更高、反应时间更快，瞳孔直径和眼跳幅度相对较小。这说明他们在信息处理上更为高效，能够更好地预测球的运动轨迹和对手的行为。

在接发球、接扣球和拦网的认知加工特征研究方面，主要有以下几点。

（1）接发球：专家级运动员在接发球过程中能够更快地识别关键信息，视觉搜索特征与认知加工能力密切相关。fNIRS技术显示专家运动员大脑特定区域的激活模式与新手存在差异，后者表现出更高的效率。这表明专家运动员在接发球时能够更有效地利用大脑资源，快速做出反应。

（2）接扣球：高水平运动员在接扣球过程中表现出更高效的视觉搜索模式和神经活动模式，与预判准确性和反应速度密切相关。专家运动员在视觉信息加工方面具有快速信息

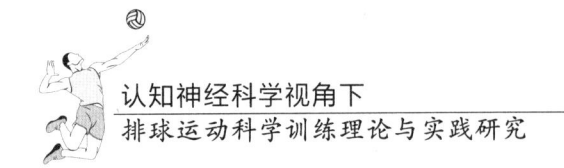

处理、自动化视觉搜索、优化注意力分配等优势。这些优势使得他们在接扣球时能够更好地应对快速变化的球路和对手的攻击。

（3）拦网：专家运动员在拦网时使用较少的注视次数，能更有效地分配注意力，决策制定更准确。在视觉搜索、注意力分配和决策制定等方面表现出优于新手运动员的能力。fNIRS技术揭示了运动员在拦网过程中大脑特定区域的激活模式，表明专家运动员在拦网过程中具有更高效的认知加工机制。

4. 排球运动的科学化训练

训练的科学化方面，主要有以下几点。

（1）技术训练：强调对技术动作的精确分析、训练方法的创新和训练手段的有效运用。例如，视频分析技术可用于详细分析运动员技术动作，找出需要改进的地方，并针对性地进行训练。通过这种科学化的技术训练，能够提高运动员的技术水平和竞技能力。

（2）体能训练：体能训练的科学化涉及力量、速度、耐力、灵敏和柔韧等方面的训练。应根据运动员个人特点和比赛需求进行个性化设计，如采用周期化训练方法。未来发展趋势将更加注重科学化、个性化和数据化，包括人工智能、可穿戴设备、虚拟现实等技术的应用。这些技术的应用将为

第十二章
总结与展望

体能训练提供更加科学、有效的方法和手段。

（3）心理训练：心理训练对提高运动员竞技水平至关重要，应突出个体化、能力持续性以及科学化、系统化和合理化。包括心理暗示、情境模拟、目标设定、压力管理等方法。通过科学的心理训练，能够提高运动员的心理素质，增强他们在比赛中的抗压能力和决策能力。

在科技在训练中的应用方面，数据分析可帮助教练员和运动员了解自身优势和劣势，制定训练计划和战术策略。可穿戴技术可实时监测运动员生理状态和运动表现，为训练提供科学依据。虚拟现实技术可模拟比赛场景，提高运动员反应速度、技术水平和团队协作能力。这些科技手段的应用极大地提高了排球运动训练的科学性和有效性。

在营养和恢复的科学化方面，主要有以下几点。

（1）营养作用：排球运动员需要良好的体力和体能，合理的营养补充可满足身体需求，提高竞技表现。营养需求包括碳水化合物、脂肪、蛋白质、维生素和矿物质等，应根据运动不同阶段进行合理补充。

（2）恢复策略：包括适当的休息、拉伸、按摩和心理放松等方法，以帮助运动员从训练和比赛中恢复。科学的营养和恢复策略能够保证运动员在高强度的训练和比赛中保持良

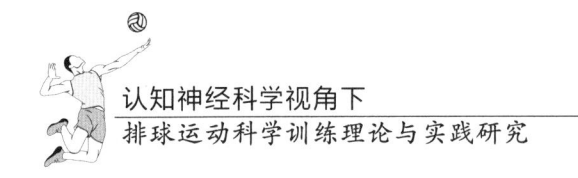

好的身体状态和竞技水平。

在训练计划的制定和执行方面，训练计划需根据运动员技术水平、体能状况和比赛需求进行个性化设计，包括训练目标设定、时间安排、内容制定、个性化训练计划、科学化体能训练、执行和监控、恢复和营养补充、科技应用、心理训练以及计划调整等关键要素。通过科学合理地制定和执行训练计划，能够提高训练效果，促进运动员的全面发展。

5. 比赛中的协调配合与起跳时机研究

在比赛协调配合训练方面，主要有以下几点。

（1）重要性及要素：排球比赛中队员之间的协调配合是取胜的关键，包括战术、技术、心理和沟通等多个层面，基本要素有明确的角色分工、良好的技术基础、高效的沟通机制、灵活的战术应变和默契的团队协作。

（2）战术运用及训练方法：常见的战术运用有一攻战术、反击战术、快变战术、拦防战术等。训练方法包括基本技术训练、战术配合训练、沟通技巧训练、团队协作训练和心理调适训练等。通过这些训练方法，能够提高队员之间的协调配合能力，增强团队的战斗力。

在起跳时机研究方面，主要有以下几点。

（1）神经机制：起跳时机的决策涉及复杂的神经交互过

程，包括感知处理、运动规划、决策制定和动作执行等环节，涉及多个脑区的协同工作。

（2）影响因素：受到运动员的体能和技能水平、比赛情境和对手行为、心理状态、训练和经验等多种因素的影响。

（3）优化策略：基于神经科学的训练方法可提高运动员的感知处理速度、运动规划能力和决策准确性，还包括心理训练、技术调整、比赛策略和战术安排等方面的优化。通过这些优化策略，能够提高运动员的起跳时机把握能力，从而在比赛中取得更好的成绩。

（三）研究的理论意义与实践意义

1. 理论意义

从认知神经科学角度对排球运动员的认知加工过程进行了深入研究，揭示了大脑神经机制在排球运动中的作用，为运动心理学和认知神经科学的交叉研究提供了新的视角和理论基础。这有助于进一步丰富和完善相关学科的理论体系。

2. 实践意义

构建了排球运动员专业能力评估模式，为选拔和培养优秀排球运动员提供了科学依据。

研究了排球运动员在接发球、接扣球、拦网和起跳时机

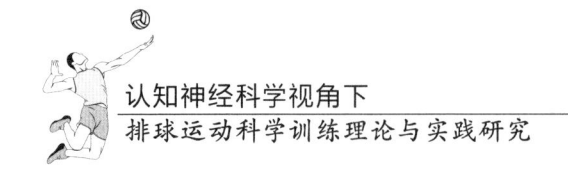

等方面的认知加工特征，为制定科学的训练方法和提高运动员竞技水平提供了实践指导。

探讨了排球运动科学化训练的各个方面，包括技术、体能、心理、营养和恢复等，为提高排球运动的整体训练水平提供了参考。

二、展　望

（一）研究方向的拓展

1. 大脑动态响应机制的深入研究

未来研究可以进一步探讨非线性和复杂网络分析在理解大脑动态响应中的作用。通过更深入地研究大脑在排球运动中的动态变化过程，我们可以更好地理解运动员在不同比赛情境下的认知决策机制。例如，研究大脑如何根据球的速度、方向和对手的动作等实时信息进行快速调整和适应，以及不同脑区之间的动态交互如何影响运动员的表现。

2. 个体差异的精准研究

关注个体差异是未来研究的一个重要方向。虽然本研究已经对排球运动员的整体认知特征进行了分析，但每个运动员都有其独特的生理和心理特点。通过规范化建模为精准干预提供依据，可以针对不同运动员的个体差异制定更加个性化的训练方案。例如，研究不同遗传因素、成长环境和训练经历对运动员认知能力和运动表现的影响，以及如何根据这些个体差异调整训练方法和策略。

3. 人工智能技术的应用拓展

人工智能技术如机器学习和虚拟现实在身心脑一体化研究中的应用将是未来研究的重要方向。机器学习可以用于分析大量的运动员数据，挖掘其中的潜在规律和模式，为训练提供更加科学的指导。虚拟现实技术可以进一步优化模拟比赛场景，提高运动员在虚拟环境中的训练效果，并更好地将训练成果迁移到实际比赛中。例如，通过虚拟现实技术创建更加逼真的对手和比赛场景，让运动员在虚拟环境中进行反复训练，提高他们的应对能力和决策能力。

（二）研究成果在实践中的应用

1. 训练方法的创新与优化

基于对大脑神经机制和认知加工特征的深入理解，未来可以开发出更加创新和有效的训练方法。例如，结合神经反馈技术，让运动员实时了解自己的大脑活动状态，并根据反馈信息调整训练策略。通过这种方式，可以提高运动员的自

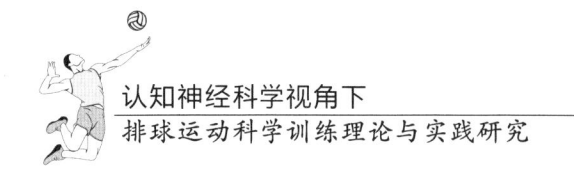

我控制能力和训练效果。此外，利用虚拟现实和增强现实技术，可以创建更加多样化和个性化的训练场景，满足不同运动员的训练需求。

2. 比赛策略的调整与优化

研究成果还可以应用于比赛策略的调整和优化。通过对运动员认知能力和起跳时机等关键因素的研究，教练员可以更加准确地制定比赛策略。例如，根据对手的特点和比赛形式，合理安排运动员的上场顺序和战术布置，提高球队的获胜概率。同时，运动员也可以根据自己的认知优势和劣势，在比赛中更好地调整自己的比赛策略，发挥出自己的最佳水平。

3. 运动员选拔与培养体系的完善

完善运动员选拔与培养体系是提高排球运动水平的关键。未来可以将认知神经科学的研究成果纳入运动员选拔和培养的标准中。例如，通过对运动员的认知能力测试，选拔出具有较高认知潜力的运动员进行重点培养。同时，在培养过程中，根据运动员的认知发展情况，及时调整培养方案，提高培养效果。

（三）跨学科合作的加强

1. 与其他学科的融合

认知神经科学与排球运动的结合已经取得了一定的成果，

但未来还需要进一步加强与其他学科的跨学科合作。例如，与生物力学、运动医学、体育社会学等学科的合作，可以从不同的角度深入研究排球运动。生物力学可以研究运动员的运动技术和力学原理，运动医学可以关注运动员的伤病预防和康复，体育社会学可以探讨排球运动的社会文化影响。通过跨学科合作，可以全面、深入地了解排球运动，为其发展提供更加全面的支持。

2. 国际合作的推进

国际合作对于推动排球运动的科学研究和实践发展具有重要意义。不同国家和地区在排球运动的研究和实践方面都有其独特的优势和经验。通过国际合作，可以共享研究成果和资源，促进学术交流和技术创新。例如，开展国际合作研究项目，共同探讨排球运动中的关键问题；组织国际学术会议和培训活动，促进各国学者和教练员之间的交流与合作。

（四）伦理和社会问题的关注

1. 伦理问题的思考

随着认知神经科学在排球运动中的应用不断深入，伦理问题也日益凸显。例如，在运动员的认知能力测试和训练过程中，如何保护运动员的隐私和自主权；在使用脑成像技术

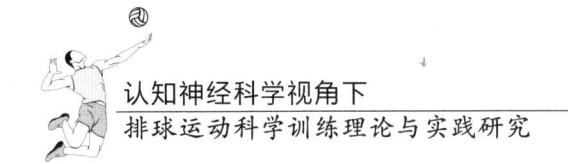

和其他先进技术时，如何确保技术的合理使用和数据的安全。这些伦理问题需要我们在研究和实践过程中认真思考和解决。

2. 社会影响的评估

认知神经科学的研究成果对排球运动的社会影响也需要进行评估。例如，研究成果可能会影响排球运动的选材标准和训练方法，进而对运动员的发展和社会公平产生影响。此外，技术的应用可能会改变排球运动的比赛形式和观赏体验，对观众的参与和社会文化传播产生影响。因此，我们应当对这些社会影响进行全面、客观的评估，从而为排球运动的健康和可持续发展提供坚实保障。

未来的研究需要在以上几个方面不断深入和拓展，将认知神经科学的研究成果更好地应用于排球运动的实践中，推动排球运动向更高水平发展。同时，我们也需要关注伦理和社会问题，以确保研究和实践能够沿着健康、可持续的方向发展。